Regine und Michael Hauch
# Aldidente outdoor
## ⊡ Grillen – Picknick – Unterwegs

Eichborn.

Die Deutsche Bibliothek – CIP Einheitsaufnahme
Hauch Regine:
Aldidente outdoor : Grillen - Picknick - Unterwegs /
Regine Hauch ; Michael Hauch. - Frankfurt am Main :
Eichborn, 2001
ISBN: 3-8218-3691-1

© Eichborn AG, Frankfurt am Main, April  2001
Lektorat: Oliver Thomas Domzalski
und Judith Schneider
Redaktion: Simon Schneider
Satz und Layout: Jeanne van Stuyvenberg
Druck und Bindung: WS Bookwell, Finnland
ISBN: 3-8218-3691-1

Verlagsverzeichnis schickt gern:
Eichborn Verlag, Kaiserstraße 66,
D-60329 Frankfurt am Main
www.eichborn.de

# Inhaltsverzeichnis

5 Am Anfang war das Picknick

6 Die Entdeckung des Feuers

7 Und wozu jetzt dieses Buch?

10 Kleine Grillschule: Grill und Barbecue – Gut aufgelegt –
Die richtige Anmache – Fette Sache – Endlich fertig? –
Wendemöglichkeit – Ruhen lassen – Hauptsache sauber
– Zu guter Letzt

17 Rauchzeichen vom Nachbarn

19 Marinaden

26 Trockene Marinaden

29 Soßen

30 Manche mögens scharf

37 Rind, Schwein, Lamm. Und ein Würstchen

47 Geflügel und anderes Kleinvieh

53 Burger, Köfte und Kebab

62 Aldiland (fast) allüberall

63 Fisch

67 Vegetarisches Grillen

73 Gegrilltes Brot

76 Heiße Sache: Desserts

80 Picknick: Suppen – Salate – Sandwiches, Pasten, Dips
und Co – »Vorspeisen« und »Hauptgerichte« – Desserts

106 Aldi auf Reisen, Essen auf Rädern: Gute-Laune-
Snacks für die Fahrt – Rasten

108 Am Urlaubsort – Basics – Nudelsoßen – Desserts

# Am Anfang war das Picknick

Ein lauschiger Platz an einem Flussufer in Afrika. Leise plätschert das Wasser in der Abenddämmerung. Die Hitze des Tages legt sich allmählich. Zeit zum Abendessen. Die Männer und Frauen schleppen das Fleisch herbei und zerteilen es. Es gibt Antilopensteak, Giraffenkotelett, Katzenwelsfilet und ein schönes Stück vom Zwergnilpferd.

Bis auf das letzte Fitzelchen nagen sie die Knochen ab. Einer aus der Gruppe, der Gefräßigste von allen, hat noch eine Idee. Er schlägt mit einem Stein auf die Knochen, bis sie zersplittern. Jetzt können sie auch noch das Mark herausholen. Köstlich! Pappsatt sind sie nun alle. Und müde. Der erste schläft schon. Die anderen sitzen noch ein wenig zusammen, dann legen auch sie sich hin. Still scheint der Mond über dem Wasser.

Eineinhalb Millionen Jahre später stoßen Forscher auf die Lagerstelle. Sie finden zerschlagene Knochen und rasiermesserscharfe Steinwerkzeuge, die ältesten bis dahin entdeckten Spuren einer menschlichen Mahlzeit. Jagdwaffen und Tierfallen finden sie nicht. Vermutlich sind die Hominiden vor anderthalb Millionen Jahren ihren Nahrungslieferanten hinterhergelaufen, haben darauf gewartet, dass sie ein schwaches oder verendetes Tier fanden. An ihren Lagerstellen blieben sie daher immer nur vorübergehend. Picknick als Notwendigkeit, unterwegs essen, um zu überleben.

# Die Entdeckung des Feuers

Auch aus einem anderen Grund müssen wir unsere Vorfahren nicht beneiden: sie hatten noch kein Feuer. Das erste Grillfest (wir sind sicher, dass es ein Fest war, zum ersten Mal den Duft gebratenen Fleisches zu riechen!) fand erst eine Million Jahre später in China statt. Vielleicht hatten Menschen nach einem Waldbrand ein zufällig gebratenes Reh in der Asche gefunden, vielleicht hatte ihnen ein Blitzschlag das erste gegrillte Wildschwein serviert. Wir wissen es nicht. Wir vermuten nur, dass ihnen der Zufallsfund gut geschmeckt hat, besser als das halb verweste rohe Fleisch, das sie bis dahin gegessen hatten. Denn bald wurde überall in China nur noch Gegrilltes gegessen. Zeitgleich entdeckten auch einige Menschen in Frankreich und bald darauf in ganz Europa die neue Art der Nahrungszubereitung. Überall gingen sie dazu über, ihre Mahlzeiten über dem Feuer zuzubereiten. Nicht nur, dass es jetzt ein Genuss wurde zu essen. Plötzlich eröffneten sich völlig neue Möglichkeiten. Man konnte die Nahrung konservieren, dadurch konnte man Vorräte anlegen und länger an einem Platz bleiben. Grillen zerstört zudem Bakterien und Parasiten, was die Menschen schnell daran merkten, dass ihnen das Essen besser bekam. Bisher schwer Verdauliches wurde durch das Feuer genießbar gemacht, damit vergrößerte sich der Speiseplan. Das ausladende Gebiss musste nicht mehr stundenlang Nahrung zermahlen, es konnte sich verkleinern, der Mund konnte für das Artikulieren von Lauten, von Sprache, geeigneter werden. Mit der Entdeckung und Nutzung des Feuers begann also unsere Geschichte. Kein Wunder, dass der Wille zum Grillen tief in unserem Unterbewusstsein verankert ist. Ungefähr dort, wo auch die Erinnerung an Sonnenuntergänge in Afrika, an träge plätscherndes Wasser und an die ersten Picknicks schlummert.

# Und wozu jetzt dieses Buch?

Die Idee zu diesem Buch kam uns natürlich bei einem Grill-Picknick. Im Freien zu sitzen und zu essen ist vor allem während der Sommermonate eine unserer Lieblingsbeschäftigungen. Ausgedehnte Picknicks gehören zu den Höhepunkten jeder Fahrradtour und jeder Urlaubsreise. Kaum ein Wochenende vergeht, an dem wir nicht zusammen mit unseren Kindern und mit Freunden grillen.

Auf unseren Reisen haben wir ausgiebig in die Picknickkörbe und auf die Grillfeuer anderer Völker geschaut. Wir haben die amerikanischen Barbecues kennengelernt und die türkischen Familienpicknicks, in Peru und Bolivien haben wir entdeckt, wie nützlich Kartoffeln für ein Essen unter freiem Himmel sind. Von englischen Freunden haben wir gelernt, wie man einen formvollendeten Lunch für unterwegs zusammenstellt. Mit journalistischer Neugier haben wir die Vielfalt gegrillter Spießchen und exotischer Salate in Thailand, Myanmar und Indonesien erforscht. In Griechenland haben wir Souflaki, in Marokko, Tunesien und Algerien Méchoui, Brique und die arabische Variation des Sandwiches probiert. Je länger wir uns mit den Möglichkeiten des Outdoor-Essens beschäftigten, desto mehr erkannten wir, dass es sich dabei um ein weltweit geschätztes Freizeitvergnügen handelt. Es verbindet die Menschen, es macht Spaß und erfordert keinen großen Aufwand. Eine kleine Anzahl von Gewürzen, Kräutern und anderen Zutaten genügt, um fast unendlich viele unterschiedliche Gerichte zuzubereiten. Und das Gute daran: man muss sich nicht die Hacken abrennen, um sie zu bekommen. Die meisten Basics gibts bei Aldi. Viele davon rund ums Jahr, einige nur zu bestimmten Zeiten. Vor allem Urlauber wissen so viel Verlässlichkeit zu schätzen. Vor Reiseantritt Aldi einen Besuch abzustatten und den Kofferraum mit allem vollzuladen, was der Mensch im Urlaub braucht, das beruhigt. Kein »Mama ich hab' Durst! Wann essen wir endlich was?«, wenn weit und breit kein Restaurant in Sicht ist, wenn nach einer langen Fahrt am Zielort schon die Bürgersteige hochgeklappt und alle Lokale geschlossen sind. Stattdessen ein kleines, leichtes Mahl mit Mitgebrachtem. Wer ein bisschen plant und kombiniert, kann so auch längere Urlaube durchstehen und die Reisekasse schonen. Das ist vor allem sinnvoll in Aldi-freien Ländern, wo jedes Geschäft grundsätzlich einen Tagesausflug von der Urlaubshütte entfernt liegt, und in Urlaubsorten, wo Supermärkte ihren Schinken so teuer verkaufen wie hierzulande Designerboutiquen ihre Markenklamotten.

Natürlich spielen auch immer gesundheitliche Aspekte eine Rolle, besonders, wenn man Kinder zu füttern hat. Wir haben also nicht nur darauf geachtet, dass die Gerichte, die wir für dieses Buch gesammelt haben, outdoor-geeignet, vielseitig, wohlschmeckend und preiswert sind, sondern auch vitaminreich, bekömmlich und ausgewogen.

Die Unterscheidung von Picknick, Grillen und Essen auf Reisen dient nur der ungefähren Orientierung. Natürlich kann man auch auf Reisen grillen, beim Grillen picknicken und ein Picknick mit auf Reisen nehmen. Mit einem Wort: lassen Sie Ihrer Phantasie freien Lauf und kombinieren Sie die Rezepte nach Herzenslust. Mischen Sie Ihre Aldi-Vorräte auf Reisen mit dem einheimischen Angebot, ergänzen Sie sie zu Hause mit den Köstlichkeiten asiatischer, türkischer und indischer Läden. Globalisieren Sie Aldi.

Uns bleibt dann nur noch eines zu wünschen übrig: Guten Appetit!

### Infos zu den Rezepten:

Kochen ist eine Frage des Angebots und des Geschmacks. Die Zutaten und auch die Mengenangaben in den Rezepten können daher immer leicht variiert werden. Nehmen Sie statt der Minze Koriander, wenn der gerade frischer ist, kaufen Sie statt des Kaninchens Pute, wenn Sie die lieber essen. Schnippeln Sie eine Extra-Portion Chilischoten in die Soße, wenn Sie's gerne scharf mögen.

Wenn nicht anders angegeben, sind die Rezepte immer für 4 Personen gedacht.

# Kleine Grillschule

Wir haben es ja schon gesagt: der Grilltrieb wurzelt weit unten in den Tiefenschichten der menschlichen, genauer, der männlichen Seele. Wie fast alle Triebe ist er ein wahrer Prüfstein für die Tragfähigkeit von Beziehungen. Wer jemals erlebt hat, wie Männer stundenlang in Kohlen pusten, die nicht brennen wollen, und wie sie dabei ihre Lieben langsam und qualvoll räuchern, der weiß, wovon wir reden. Der angeborene Grilltrieb ersetzt jedoch noch lange nicht die richtige Technik. Im Folgenden haben wir deshalb die wichtigsten Methoden und Tipps fürs richtige Grillen zusammengestellt.

## ▶ Grill und Barbecue

Wenn Amerikaner Fleisch oder Gemüse auf den Grill legen, nennen sie das Barbecue. Folglich laden auch die wirklich trendigen Menschen hierzulande immer öfter zum Barbecue ein. Oder sogar zum BBQ. Das sorgt bei eingefleischten Grillexperten für Verwirrung. Denn Grillen und Barbecue sind, auch wenn bei beidem dasselbe Gerät benutzt wird, völlig unterschiedliche Garmethoden. Ungefähr so unterschiedlich wie Anbraten und Köcheln.

## ▷ Direktes Grillen

Beim Grillen wird mit starker Hitze gegart. Das Grillgut liegt direkt über dem offenen Feuer, so dass es nach wenigen Minuten fertig ist. Durch die starke Hitze schließen sich die Poren, der Saft kann nicht austreten und es entsteht eine rauchige, karamelisierte Kruste.

Grillen eignet sich besonders für zartes oder dünn geschnittenes Fleisch, für Burger, Würstchen, Fische und anderes Meeresgetier, für Spieße und für Brot. Es ist die weltweit meistverbreitete Methode, über offenem Feuer zu kochen.

▷ Indirektes Grillen und Barbecue

Bei diesen beiden Methode handelt es sich um langsames, oft stundenlanges indirektes Garen. Beim Barbecue sind die Temperaturen besonders niedrig.

Indirekt Garen bedeutet: zwischen Glut und Grillgut besteht ein gewisser Abstand. Meist wird nur ein kleines Feuer auf zwei gegenüberliegenden Seiten des Grills oder entlang des äußeren Randes unterhalten, während in der Mitte das Grillgut gegart wird. Das Fett tropft in eine Fettpfanne.

Beim indirekten Grillen und beim Barbecue muss man wegen des großen Abstandes zwischen Glut und Grillgut den typischen Rauchgeschmack künstlich verstärken bzw. erzeugen, indem man von Zeit zu Zeit etwas angefeuchtetes Räuchermehl

(s. Kapitel »Gut aufgelegt«) auf die Glut wirft. Indirektes Grillen und das noch langsamere Barbecue sind ideal für große Braten wie Spanferkel oder Lamm, Rinderbrust oder Rippchen. Beide Techniken entstanden in der Karibik und verbreiteten sich schnell über den ganzen amerikanischen Süden und darüber hinaus.

▷ Garen in der Asche

Aschenbraten ist wahrscheinlich die älteste Art, Speisen zu garen. Fleisch oder Gemüse wird in die heiße Asche eines heruntergebrannten Feuers gelegt und nach Stunden wieder ausgegraben und gegessen. Hierzulande entfachten die Bauern früher während der Kartoffelernte Feuer und steckten die Erdäpfel in die heiße Asche. Wenn sie nach einem langen Arbeitstag zu der Feuerstelle zurückkehrten, war ihr Abendessen fertig.

Auf Zypern haben heute noch viele Bauern in ihren Gärten kleine Erdöfen, in denen sie Holz verbrennen. Wenn das Feuer nur noch glüht, wird das Grillgut – meist Stücke von der Ziege oder vom Lamm zusammen mit Gemüse und Kräutern – in die Öfen gelegt. Das Fleisch gart unter Luftabschluss 12 bis 24 Stunden. Es schmeckt unglaublich würzig und fällt beim Aufheben sofort vom Knochen (s. Kleftiko-Rezept).

▶ **Gut aufgelegt**

Die meisten Menschen nehmen **Holzkohle** zum Grillen. Sie enthält weniger Wasser als Holz, brennt daher schneller und heißer und lässt sich leichter transportieren und lagern. Gewonnen wird Holzkohle durch Verschwelen ganzer Stämme oder großer Scheite unter Luftabschluss in einem Kohlenmeiler. Viele dieser Meiler stehen rund ums Mittelmeer oder in Südamerika. Tropenholz findet man laut Herstellerhinweis nicht mehr in ihnen.

In Deutschland gibt es nur noch wenige Köhler. Sie ziehen in den Sommermonaten umher und errichten ihre eindrucksvoll großen Kohlenmeiler. Wenn die Meiler nach vielen Tagen heruntergebrannt sind, ist die Holzkohle fertig und wird an Ort und Stelle verkauft.

Unbehandelte **Holzkohlebriketts** bestehen aus zermahlener Holzkohle, die mit pflanzlicher Stärke gebunden wird.

**Kompositbriketts** bestehen aus verbranntem Holz, Holzabfällen und/oder Kohlestaub. Als Bindemittel wird Paraffin oder Mineralöl verwendet.

**Holz** war der erste Brennstoff, den der Mensch zum Zubereiten seiner Nahrung benutzte. Es braucht länger, um die ideale Grilltemperatur zu erreichen, und seine Hitze ist unberechenbarer. Dafür verleiht sein aromatischer Rauch den Speisen zusätzliche Würze. Geeignet zum Grillen ist das Holz von Laubbäumen. Nadelbäume enthalten zuviel Harz, das gefährliche Funken verursacht und den Speisen einen Geschmack von Teer und Ruß verleiht.

Wer mit Holzkohle grillt und seinen Speisen dennoch würzigen Holzgeschmack verleihen will, kann eine Hand voll angefeuchtetes **Räuchermehl** auf die glühenden Kohlen werfen, das es im Angelgeschäft gibt.

Aldi-Fans sind kostenbewusste Menschen, die praktisch denken. Der Versuchung, alte Span- und MDF-Platten oder lackierte und imprägnierte Hölzer zum Grillen zu nehmen, sollten Sie jedoch widerstehen. Die giftigen Chemikalien, die sie enthalten, sind eine höchst ungesunde Würze.

Bequemer als Holz- oder Holzkohle-Feuer ist Gas. Man braucht keine schmutzige Holzkohle, keine Anzündhilfen, das Feuer ist berechenbarer und gleichmäßiger. Vor allem Camper lieben daher **Gasgrills**. Aber diese haben auch Nachteile: Sie werden nie so heiß wie Holzkohlegrills. Gas gibt außerdem kein Aroma ab. Und Männer können damit nicht tun, was sie am liebsten tun: mit Feuer spielen, in der Glut herumstochern und dabei ein bisschen erzählen, wie schwierig es ist, ein Feuer zu entfachen und zu unterhalten.

Beim Elektrogrill kommt die **Hitze aus der Steckdose**. Mit dem praktischen Gerät gelingt die Quadratur des Kreises: im Wohnzimmer sitzen und grillen. Auf das typische Grillaroma muss man dabei allerdings verzichten. Und ganz so romantisch wie unter freiem Himmel ist es im Zimmer oder auf dem Balkon auch nicht. Letzte Woche gab es Elektrogrills bei unserem Lieblingsdiscounter. Wer 's verpeilt hat, muss auf Wiederholung warten.

## ▶ Die richtige Anmache

Als ich zwölf war, demonstrierte mir mein Vater auf höchst eigenwillige Weise, wie man es nicht macht. Als die Holzkohle trotz aller Bemühungen nicht richtig brennen wollte, goss er Spiritus auf den Grill. Die Stichflamme, die daraufhin emporschoss, erinnerte an brennende Ölfelder und beeindruckte uns Kinder tief. Nur der herumliegende Gartenschlauch verhinderte damals das Schlimmste, allerdings setzte er auch Grill, Kohle, die nebenstehenden Würstchen und die ganze Terrasse so gründlich unter Wasser, dass anschließend an Grillen nicht mehr zu denken war. Spiritus und Benzin sind also, wie man an dieser Geschichte sieht, zum Anzünden denkbar ungeeignet. Aber auch bei speziellen flüssigen Grillanzündern ist Vorsicht angebracht. Versuchen Sie niemals, sie als Brandbeschleuniger auf bereits glühende Kohlen zu gießen. **Flüssige Grillanzünder** gießt man nach Anleitung auf die Kohle, dann wird die verschlossene Flasche in sicherer Entfernung abgestellt. Nun erst zündet man ein Streichholz an. Einfacher zu handhaben sind **mit Paraffin behandelte würfelförmige Anzünder.** Man legt zwei oder drei davon in die Mitte des Grills, häuft die

Grillkohle darauf und zündet sie an. Grillprofis benutzen gerne einen zylinderförmigen **Anzündkamin**. Man füllt Holzkohle in das Oberteil, zerknülltes Zeitungspapier und/oder Paraffinwürfel in das Unterteil. Dann zündet man die untere Schicht an. Wegen der Lüftungsschlitze am Boden kommt das Feuer schnell in Gang. Wenn die Kohle glüht, schüttet man sie über dem Grill aus.

Mit ein wenig Erfahrung gelingt es aber auch, das **Feuer ohne Anzündhilfe** zu entfachen. Dazu beginnt man mit zerknülltem Zeitungspapier. Sobald es brennt, legt man ein paar trockene Späne oder Zweige nach, wartet wieder, bis diese Feuer gefangen haben, und fügt dann Holzkohle hinzu. Man kann den Vorgang unterstützen, indem man dem Feuer mit einem Fächer oder Blaseblag zusätzlichen Sauerstoff zuführt. Ein Föhn eignet sich weniger, weil er zu viel Funkenflug verursacht.

Wenn die Holzkohle rot glüht, wird sie zu einer flachen Schicht auseinandergezogen. 5-10 Minuten lässt man sie weiterglühen, bis sie mit einer dünnen Ascheschicht überzogen ist. Erst dann wird das Grillgut aufgelegt.

### ▶ Fette Sache

Soll der Rost eingefettet werden, warten Sie, bis er heiß ist. Tränken sie einen Pinsel mit Öl und pinseln Sie die Stäbe des Rosts ein. Naturhaar-Pinsel, mit denen man Heizkörper streicht, eignen sich wegen ihres langen Stiels ausgezeichnet dafür. Noch besser als mit Öl: mit einem Stück Speck, Hühnerhaut oder Rinderfett den Rost einfetten.

### ▶ Endlich fertig?

»Meinst du, es ist jetzt gut?« lautet die meistgestellte Frage beim Grillen. Das hat zwei Gründe: Zum einen ist Grillen meist Männersache. Und da sich die Herren im allgemeinen beim Kochen zurückhalten, fehlt ihnen die Erfahrung – und das Vertrauen ihrer Partnerin.

Dazu kommt, dass es schwieriger ist, die Temperatur eines Grills zu regulieren als die des gleichmäßig heizenden heimischen Elektroherds. Bei kleineren Grillstücken wie Steaks, Koteletts oder Filets reicht meist ein kurzer Fingerdruck auf die dickste Stelle des Fleisches. Wenn es sich weich und nachgiebig anfühlt, ist es innen noch roh. Spüren Sie einen kleinen Widerstand, ist es innen bereits rosa. Fühlt es sich fest an, ist es durchgebraten. Bei Hähnchenschlegel hilft folgende Probe: Wenn Sie den Schlegel hin- und herbewegen, sollte er dabei mitschlenkern. Wenn Sie mit Spieß oder spitzer Gabel in die dickste Stelle der Keule stechen, sollte klarer Fleischsaft herausfließen.

Fisch ist perfekt gegrillt, wenn das Fleisch sich leicht in große, feste Stücke teilen und gut von den Gräten lösen lässt.

Bei großen Bratenstücken hilft nur langjährige Erfahrung, viel Fingerspitzengefühl oder ein Fleischthermometer.

### ▶ Wendemöglichkeit

Versuchen Sie nicht, das Grillgut mit der Fleischgabel zu wenden. Zum einen rutscht es dabei häufig ab und landet in der Asche. Zum anderen tropft wertvoller Fleischsaft in die Glut. Benutzen Sie einen stabilen Grillwender oder eine Grillzange, die groß genug sind, damit Sie sich beim Wenden nicht die Finger verbrennen.

### ▶ Ruhen lassen

Fast alles, was Sie grillen, schmeckt besser, wenn Sie es vor dem Servieren kurze Zeit ruhen lassen. Faustregel: bei dickeren Stücken ca. 5-10 Minuten. So kann sich der Fleischsaft, der sich durch die Hitze in der Mitte des Fleisches angesammelt hat, wieder Richtung Oberfläche verteilen. Das ganze Stück bleibt saftiger und schmeckt besser.

### ▶ Hauptsache sauber

Viele Menschen fürchten Gesundheitsgefahren durch verrußtes oder verfettetes Grillgerät. Diese Angst ist ein wenig übertrieben. Gut »eingegrillte« Glutwannen mit Rauchspuren und Fettspritzern arbeiten besser als neue, blitzblanke Grills. Für die Gesundheit sind sie unbedenklich. Beim Rost ist allerdings Sauberkeit oberstes Gebot. Er muss vor und nach jedem Gebrauch gründlich von allen Seiten gereinigt werden.

Folgende Methode hat sich dabei sehr gut bewährt: nach jedem Grillen den Rost mit einem alten Messer vom groben Schmutz reinigen, anschließend mit einer Drahtbürste oder mit Stahlwolle kräftig schrubben und spülen.

► **Zu guter Letzt**

Grillfeuer glühen noch nach Stunden oder sogar Tagen. Durch den Wind aufgewirbelte Funken können zu schweren Bränden führen. Nach dem Grillen sollten Sie deshalb sicherstellen, dass das Feuer vollständig gelöscht wird. Die sauberste Lösung: die Glut auseinander ziehen und mit kleinen, gezielten Wassergüssen löschen. Die erkaltete Asche ist übrigens ein guter Dünger, wenn man sie aufs Blumenbeet streut.

## Rauchzeichen vom Nachbarn

Grillen macht Spaß, aber nicht unbedingt den Nachbarn. Die würzig duftenden Rauchzeichen, die zur Sommerzeit von Balkons oder Gärten aufsteigen, werden von lieben Mitmenschen oft als Kriegserklärung aufgefasst – und dementsprechend beantwortet. Mit mehr oder weniger höflichen Beschwerdebriefen, mit Polizeieinsätzen – oder gleich mit dem Gartenschlauch. Nicht selten sind harmlos brutzelnde Grillwürste schuld an jahrelangen Nachbarschaftskriegen, an deren Ende die Beteiligten sich gegenseitig erschießen oder in Talkshows aufeinander losgehen. Dass die Dinge so entgleisen, liegt daran, dass es keine klaren Regeln für das Grillen auf Balkonen oder im Garten gibt. Denn auch wenn Grillgegner gerne etwas anderes behaupten: Grillen ist keine Straftat. Jedenfalls solange man nicht den Dackel des Nachbarn auf den Rost legt. Ob man Grillen darf oder nicht, hängt vom jeweiligen Einzelfall ab. Und den prüfen tagein, tagaus ganze Heere von Juristen – mit immer wieder neuen Ergebnissen, wie ein Blick in die Unterlagen des Deutschen Mieterbundes zeigt. Relativ gelassen sehen es beispielsweise Hamburger Richter. Die entschieden: »Wenn keine Schäden verursacht werden und die Nachbarn nicht unzumutbar belästigt werden, ist gegen das Grillen nichts einzuwenden.«

Die gründlichen Schwaben nehmen es da schon etwas genauer: »Eine Grilldauer von insgesamt 6 Stunden pro Jahr ist geringfügig und deshalb im Regelfall zumutbar«, befanden Stuttgarter Richter.

Das Amtsgericht in der ehemaligen Hauptstadt Bonn hält das Grillen einmal im Monat für zulässig, wenn die übrigen Hausbewohner zwei Tage vorher darüber informiert werden.

In Düsseldorf urteilten die Juristen des Oberlandesgerichts jüngst in zweiter Instanz über einen kleinen Holzkohlegrill. Statt köstlicher Grilldüfte witterten die strengen Richter einen Verstoß gegen das Landesimmissionsschutzgesetz und drohten dem »Störer« bei Wiederholung mit einem saftigen Bußgeld.

Ob so viel Strenge dem armen »Störer« den Appetit verdorben hat? Wir wissen es nicht. Vielleicht grillt er jetzt nicht mehr auf seinem Balkon, sondern in seinem Wohnzimmer. Oder am Rheinufer. Dort wo man einen schönen Blick auf die immer noch rauchenden Schlote des Ruhrpotts hat.

# Marinaden

Marinaden vollbringen beim Grillen wahre Wunder. Sie sorgen für Geschmack, schützen Fisch und Fleisch vor dem Austrocknen und machen sie zart. Außerdem sind sie einfach herzustellen: Es genügt, alle Zutaten gut zu zerkleinern und zu mischen. Ideal für Grillanfänger also.

Marinaden brauchen nur ein wenig Zeit um zu wirken: mindestens eine Stunde. Größere Fleischstücke sollten Sie vorher an einigen Stellen einschneiden, damit die Marinade besser eindringen kann, und dann eine Nacht oder sogar zwei ziehen lassen.

Für eine Stunde genügt Raumtemperatur, für längere Marinaden sollten Sie das Fleisch in den Kühlschrank legen. Nehmen Sie es etwa eine halbe Stunde vor dem Grillen wieder heraus, damit es sich auf Raumtemperatur erwärmt.

Man kann zum Marinieren jede Art von verschließbarem Gefäß verwenden. Wir haben vor einigen Jahren entdeckt, wie praktisch Gefrierbeutel sind. Man kann die Marinaden mit dem Grillgut darin gut mischen, indem man einfach den Beutel von außen ein wenig knetet. Fleisch und Marinade lassen sich in den praktischen Beuteln fast unter Luftabschluss lagern, die Marinaden ziehen so am besten ins Fleisch oder in den Fisch ein. Außerdem braucht man weniger Marinade als in einer Schüssel und damit auch weniger Platz im Kühlschrank. Alles in allem also eine gute Sache.

Die folgenden Marinaden reichen jeweils für 1 Kilo Grillgut.

## Olivenöl-Weissweinmarinade

Diese einfache Marinade eignet sich für jede Art von Fisch oder Meeresfrüchten.

60 ml trockener Weißwein

70 ml weißer Vermouth

60 ml Olivenöl

3 EL frischer Zitronensaft

1 kleiner Bd glatte Petersilie, fein gehackt

1 EL getrocknete Rosmarinnadeln, klein gehackt

2 Lorbeerblätter, zerbröselt

1/2 Zwiebel, klein geschnitten

2 Knoblauchzehen, klein gehackt

Salz, schwarzer Pfeffer

→ Tipp 1:

→ Ersetzen Sie das Olivenöl durch Sonnenblumen- oder Sesamöl, den Wein durch Sherry oder Cream Sherry und verzichten Sie auf den Rosmarin – und schon erhält die Marinade einen asiatischen Touch.

## OLivenöl-Marinade

Diese Marinade passt besonders gut zu Fisch, zu Lamm- und Rindfleisch.

150 ml Olivenöl

Saft einer ausgepressten Zitrone

2 Knoblauchzehen, durchgepresst

1 Stange Lauchzwiebel oder 1 Schalotte,
    klein geschnitten

1 Bd Kräuter, fein gehackt: Basilikum, Thymian,
Rosmarin, Oregano oder Petersilie

Salz, schwarzer Pfeffer

→ Tipp 1:

→ Die Marinade lässt sich in einem verschlossenen Glas und gut gekühlt mehrere Tage aufbewahren. Sie eignet sich daher auch besonders gut als Reiseproviant.

## Berber-Marinade

Die Berber sind ein in viele Stämme unterteiltes Volk, das hauptsächlich im Atlasgebirge in Algerien und Marokko lebt. Lamm und Ziege finden sich fast täglich auf ihrem Speisezettel. Sie würzen es häufig mit dieser kräftigen Marinade:

1 Zwiebel, fein gehackt
4 Knoblauchzehen, fein gehackt
2–3 EL Paprikapulver
1/2 EL gemahlener Kardamon
1 Chilischote, klein gehackt
1/2 TL Zimt
5 zerstoßene Nelken
1 EL Honig
200 ml Olivenöl
60 ml frisch gepresster Zitronensaft
Salz, viel schwarzer Pfeffer

→ Tipp 2:
→ Experimentieren Sie ein wenig mit der Marinade. Nehmen sie statt des Zitronensafts Orangensaft oder die abgeriebene Schale einer unbehandelten Zitrone.

Zu Fisch und Huhn passt am besten Basilikum. Thymian und Rosmarin eignen sich besonders gut für Lamm und Huhn, Fenchelsamen schmeckt wunderbar zu Schweinefleisch.

Fügen Sie 1 EL Honig hinzu, wenn Sie Huhn oder Schweinefleisch grillen. Ein interessantes Aroma für Lammfleisch ergeben auch Lavendelblüten. Wer es scharf mag, sollte es mit 1-2 klein gehackten Chilis versuchen.

## Orientalische Joghurt-Marinade

Diese Marinade passt besonders gut zu Huhn oder Lamm.

250 g Naturjoghurt

4 EL Olivenöl

2 Knoblauchzehen, fein gehackt

1 EL Zitronensaft

1 Bd Minze, klein gehackt

Salz, schwarzer Pfeffer

➡ Tipp:

➡ Anstatt der Minze können auch Ingwer, Korianderblätter, indische oder thailändische Currypaste (gibts in asiatischen oder deutschen Feinkostgeschäften) oder indische Garam-Masala-Würzmischung (gibts ebenfalls in deutschen Feinkostläden und in asiatischen oder indischen Geschäften) verwendet werden.

## Indische Joghurtmarinade

Diese Marinade passt am besten zu Hähnchenkeulen. Man nimmt pro Person eine Hähnchenkeule, trennt Unter- und Oberschenkel voneinander und schneidet jedes Stück dreimal bis auf den Knochen ein. So zieht die Marinade besser ein.

250 g Naturjoghurt

Saft einer Zitrone

1 Stück (etwa 5 cm) Ingwer, geschält und gerieben

1 kleine Zwiebel, fein gehackt

2 TL Kreuzkümmel oder Garam-Masala-Würzmischung

2 TL Korianderblätter, fein gehackt

Cayennepfeffer nach Geschmack

Salz, schwarzer Pfeffer

➡ Tipp:

➡ Sehr gut schmeckt die Marinade auch, wenn man Würfel von Hühner- und von Putenbrust damit würzt und anschließend auf Spießen grillt.

## Asiatische Marinade

Die folgende Marinade verwenden die Imbissverkäufer auf asiatischen Märkten, um damit Hähnchenflügel oder kleine Stückchen Schweinefleisch einzulegen. Dabei improvisiert jeder dieser Garköche ein wenig. Je nach Marktlage und Vorliebe für bestimmte Gewürze wandelt er seine Marinade ab. Das Originalrezept – das es ja eigentlich nicht gibt – sieht für die Marinade Zitronengras und Fischsoße vor. Fast ebenso gut tun es aber auch abgeriebene Zitronenschale und Sojasoße.

3 Lauchzwiebeln, klein geschnitten, oder 1 Zwiebel

1 Stück Ingwer (ca. 5 cm), geschält und in dünne Scheiben geschnitten

2 Zitronengrasstiele, klein gehackt oder die abgeriebene Schale einer halben Zitrone

2 EL Honig

80 ml asiatische Fischsoße oder Sojasoße

2 EL frischer Zitronensaft

1 EL Pflanzenöl

150 g Erdnüsse, fein gehackt oder grobe Erdnussbutter

2 EL Koriandergrün, fein gehackt

Salz, schwarzer Pfeffer

## Teryaki-Soße

Traditionelle japanische Teryaki-Soße wird mit Reiswein oder Reisschnaps zubereitet. Da es aber in deutschen Aldis und auch in anderen Supermärkten immer noch keinen Reiswein und Reisschnaps zu kaufen gibt, haben wir nach passendem Ersatz gesucht. Nach ausgiebigem Vergleichstrinken haben wir herausgefunden, dass trockener Sherry den japanischen Nationalgetränken am ähnlichsten ist. Damit ist auch diese salzig-süße Marinade von einer traditionellen japanischen Teryaki-Soße kaum noch zu unterscheiden. Sie passt zu gegrilltem Fisch, zu Hühner-, Schweine- und Rindfleisch.

2 Knoblauchzehen, fein gehackt
1 Stück Ingwer (ca. 5 cm), geschält und fein gehackt
2 Lauchzwiebeln, in feine Ringe geschnitten
125 ml Sojasoße
200 ml trockener Sherry
100 g Honig
Salz, schwarzer Pfeffer

→ Tipp:

→ Soll die restliche Marinade zusätzlich als Glasur verwendet werden, sollte man sie in einen Topf passieren und 5 Minuten einkochen. Das Grillgut während der letzten 5 Minuten wiederholt damit bestreichen. Die Glasur hält sich nach dem Kochen gut gekühlt bis zu einer Woche.

## Adobo-Marinade

Fragt man Südamerikaner nach ihrem Lieblingsgericht, so stehen Adobo-Gerichte stets an erster Stelle. Allerdings sind die Ansichten, was ein richtiges Adobo ist, von Land zu Land, von Stadt zu Stadt und sogar von Koch zu Koch unterschiedlich. Nur so viel kann man sagen: Adobo ist eine feurige Marinade, die besonders gut zu Schweine- oder Rindersteaks passt.

4 Knoblauchzehen, durchgepresst
1/2 TL gemahlener Kreuzkümmel
125 ml Saft von frischen Blutorangen
Chilis, klein gehackt oder Tabasco nach Geschmack
2 EL Olivenöl
Salz, schwarzer Pfeffer

→ Tipp:
→ Alternativ zum Blutorangensaft können Sie jeweils zur Hälfte den Saft von Limetten und »normalen« Apfelsinen verwenden.

Als Fleisch eignen sich besonders gut sehr dünn geschnittene (etwa 1 cm dicke) Hüftsteaks vom Rind. Es genügt, sie kurz vor und während des Grillens und noch einmal vor dem Servieren mit dem Adobo zu bestreichen.

# Trockene Marinaden

»Dry Rubs« oder trockene Marinaden sind Gewürz- und Kräutermischungen, mit denen man das Fleisch vor dem Grillen einreibt, damit es intensiver schmeckt und zarter wird. Oft sind sie völlig trocken, in einigen Fällen werden sie mit ein wenig Öl oder Alkohol zu einer Paste vermischt.

Jede Gegend der Welt hat ihre eigene trockene Marinade. Weit über ihr Ursprungsland Frankreich hinaus bekannt sind beispielsweise die aromatisch duftenden »Kräuter der Provence« Auch das indische Garam Masala findet sich inzwischen weltweit. In diesem Kapitel finden Sie trockene Marinaden, die etwas weniger bekannt, aber nicht weniger gut sind. Sie geben selbst den einfachsten Grilladen noch etwas Besonderes. Und sie haben noch einen weiteren Vorteil: Sie können größere Mengen davon mischen und als Vorrat für eine ganze Grillsaison lagern, denn trockene Marinaden halten sich gut verschlossen an einem kühlen, dunklen Ort monatelang.

Unsere trockenen Marinaden sind jeweils für ca. 3 kg Grillgut berechnet.

## Cajun-Rub

Die Cajun-Küche in den Südstaaten der USA lebt von der Schärfe ihrer Gerichte. Cajun-Rub macht eine Delikatesse aus Fisch, Meeresfrüchten und allen Arten von Fleisch.

2 EL Paprikapulver
2 EL Thymian, getrocknet
2 EL Oregano, getrocknet
1 EL Knoblauchpulver
1 EL Zwiebelpulver
evtl. 1 EL Zitronenschale, getrocknet und gerieben
nach Geschmack 1–5 TL Cayenne-Pfeffer
2 EL schwarzer Pfeffer, frisch gemahlen
ca. 4 TL grobkörniges Salz

## Hot and Spicy Rub für Spare Ribs und anderes Schweinefleisch

3 EL Paprikapulver
1 EL Selleriesalz
2 EL Zucker
je 1 TL Senfpulver, Knoblauchpulver, Zwiebelpulver
1/2 TL Zimt
nach 1–3 TL Cayennepfeffer
1 EL schwarzer Pfeffer, frisch gemahlen
1–2 EL grobes Salz

## Griechische Trockenmarinade

2 EL schwarzer Pfeffer, frisch gemahlen
3 EL Oregano, getrocknet
3 EL Minze, getrocknet
3 EL Olivenöl
1 TL Knoblauchpulver
2 EL Salz

Mischen Sie die Zutaten so, dass die Gewürze mit Öl überzogen sind, aber nicht kleben.

## Marokkanische Trockenmarinade

Diese Mischung passt zu Geflügel und zu Fleisch. Am allerbesten zu Lamm.

3 EL Koriandersamen oder –pulver
3 EL Kreuzkümmelsamen oder –pulver
2 EL schwarzer Pfeffer
1/2 TL Kardamonsamen ohne Schale
2 EL getrockneter, gemahlener Ingwer
1/2 TL Cayennepulver
3 EL Salz

Die Zutaten in der Gewürzmühle oder im Mörser zerstoßen, Ingwer, Salz und Cayennepfeffer erst zum Schluss unterheben und mischen.

# Soßen

Was wäre ein knusprig gegrilltes Hähnchen oder ein zart geröstetes Lammkotelett ohne Soße? Köstlich zwar, aber nicht ganz perfekt. Erst die richtige Soße gibt ihnen das gewisse Extra. Von Schaschliksoße über Tomatenketchup bis zur Knoblauchsoße bietet unser Lieblingsdiscounter inzwischen eine ganze Menge solcher Grillbegleiter. Und die Qualität? Wir wollen nicht meckern, aber selbstgemacht schmecken sie nun mal unendlich viel besser und abwechslungsreicher. Soßen entstehen aus dem Zusammenklang von sauren, süßen, pfeffrigen, salzigen und vielen, vielen anderen Aromen. Je nach Experimentierfreude und Geschmack kann man ihnen 1001 unterschiedliche Nuancen geben.

Ob fruchtig oder scharf, süß oder sauer: dieses Kapitel enthält Rezepte für Soßen, die Sie nach Belieben mit den Grillgerichten aus diesem Buch kombinieren können.

Aber auch beim Picknick sind Soßen eine Bereicherung. So schmeckt zum Beispiel die Joghurt-Soße besonders gut zu kaltem Lammbraten. Die Erdnuss-Soße gibt gekochtem Gemüse Pfiff. Auch als Dip machen sich Soßen gut. Gurkenstücke oder frisches Brot in Schafskäse-Creme oder Tomaten-Salsa getunkt: einfach ein Genuss.

Auf Reisen machen Soßen selbst aus alltäglichen Gerichten noch etwas Besonderes. Sie können sie vor Ort zubereiten. Oder von zu Hause mitnehmen, denn gut verschlossen überstehen sie selbst tagelange Fahrten.

Alle Rezepte sind übrigens so berechnet, dass sie jeweils ca. 500 ml ergeben.

## Manche mögens scharf

Chilis sorgen dafür, dass das Grillfeuer so schnell nicht ausgeht. Die kleinen, höllisch scharfen Schoten geben Marinaden, Soßen, Fleisch und Gemüse das gewisse Extra. Sie unterstützen den Geschmack und runden ihn ab. Wieviel man davon verträgt, ist individuell verschieden.

Die Kerne und Rippen der Chilis sind am schärfsten. Wer empfindliche Haut hat, sollte bei der Zubereitung der Scharfmacher unbedingt Gummihandschuhe tragen, um Hautreizungen zu vermeiden. Nicht in Berührung mit den Augen bringen!!!

Wir verwenden am liebsten frische Chilischoten aus Asien oder Südamerika, aber auch eingelegte aus Südmähren und Ungarn und getrocknete aus Afrika. Jede der vielen unterschiedlichen roten, braunen, gelben oder grünen Chilisorten hat ihren eigenen Geschmack. Einige schmecken bitter-scharf, andere süß-scharf, und wieder andere haben einen etwas säuerlichen oder blumigen Geschmack oder schmecken einfach nur scharf. Mit der Zeit und mit etwas Übung und Mut lernt man die unterschiedlichen Geschmacksrichtungen zu erkennen und zu schätzen.

Wer sich nicht an Chilis traut, kann mit fertiger Chilisoße würzen. Tabasco, Sambal Olek oder Cayennepfeffer sind ebenfalls gute, aber etwas eintönige Scharfmacher.

## Chimichurri

Südamerikaner tunken ihr gegrilltes Fleisch am liebsten in Chimichurri-Soße. Das traditionelle Rezept sieht nur vier Zutaten vor: Petersilie, Knoblauch, Salz und Olivenöl. Und dennoch schmeckt die Soße immer wieder anders.

1 Bd glatte Petersilie ohne Stiele
8 Knoblauchzehen
250 ml Olivenöl
1 mittelgroße Möhre, geraspelt
50 ml Weißweinessig
100 ml Wasser
1 TL getrockneter Oregano
1–5 rote Chilischoten, nach Geschmack
Salz, schwarzer Pfeffer

Alle Zutaten im Mixer oder mit dem Pürierstab gründlich mischen, evtl. noch einmal nachwürzen.

## Klassische amerikanische BBQ-Soße

Diese BBQ-Soße ist die De-Luxe-Version. Sie ist etwas aufwendiger als andere BBQ-Soßen, aber die Arbeit lohnt sich.

3 EL Pflanzenöl
1 Zwiebel, fein gehackt
2 Knoblauchzehen, fein gehackt
1/4 Paprika, entkernt und fein gehackt
250 ml passierte Tomaten
200 ml Wasser
3–4 EL Apfelessig
3 EL Worcestersoße
2 EL Zitronensaft
5 EL Ananassaft inkl. Fruchtstücke
1 Msp Cayennepfeffer, nach Geschmack mehr
3 EL Honig
1 EL scharfer Senf
2 mittelgroße Tomaten, klein gewürfelt
Salz

Das Öl erwärmen, aber nicht zu heiß werden lassen. Zwiebeln, Knoblauch, Paprika und Tomaten zugeben und etwa 5 Minuten weich werden, jedoch nicht bräunen lassen. Die passierten Tomaten, Wasser, Essig, Worcestersoße, Zitronensaft, Ananassaft und Fruchtstücke, Cayennepfeffer, Honig, Zucker, Senf und Pfeffer einrühren und aufkochen. Die Soße bei reduzierter Hitze unter häufigem Rühren im offenen Topf ca. 15 Minuten einkochen. Vom Herd nehmen und evtl. mit Salz, Zucker und Essig nachwürzen. Die Soße sollte sehr kräftig schmecken. Lauwarm servieren.

## Joghurt Soße

Diese Soße eignet sich für gegrilltes Gemüse, aber auch für alle Arten von Hackfleischgerichten und für Kalb- und Lammfleisch.

500 g Naturjoghurt
4 EL Zitronensaft, frisch gepresst
4 EL Olivenöl
2 Knoblauchzehen, durchgepresst
5 EL Kräuter (Schnittlauch, Kerbel, glattblättrige Petersilie und/oder Dill)
1 Msp Cayennepfeffer für diejenigen, die es etwas schärfer mögen
Salz, Pfeffer

Alle Zutaten mischen.

## Tomaten-Salsa

Diese dünnflüssige Salsa ist ein Alleskönner. Als Appetizer kann sie mit Fladenbrot aufgetunkt werden, als Hauptgericht kann sie über so gut wie jedes Fleisch und über jeden Fisch gegossen werden.

1–2 Knoblauchzehen
2 – 3 Chilischoten, entkernt
1 Bd glatte Petersilie
Blätter von 2 Stängeln frischer Minze, gehackt
500 g sehr reife Tomaten
1/2 kleine Zwiebel
Saft einer ausgepressten Zitrone
Salz, schwarzer Pfeffer

Auf einem großen Schneidbrett Knoblauch, Zwiebel und Chilis fein hacken, Petersilie und Minze zugeben und ebenfalls hacken. Die Tomaten zuerst in Scheiben schneiden, dann kleinhacken, dabei nach und nach mit den anderen Zutaten vermischen. Salz zugeben. Die Salsa in eine Schüssel umfüllen und den Zitronensaft einrühren.

## Schafskäse-Creme

200 g griechischer Schafskäse (Feta)
4 EL Olivenöl
1 TL Essig
1 Knoblauchzehe, durchgepresst
150 g Crème fraîche oder Schmand
150 g Joghurt natur
1 EL Kapern, klein gehackt
10 schwarze oder grüne Oliven, entsteint und klein gehackt
Salz, Pfeffer

Den Käse zerbröseln und mit Öl, Essig, Knoblauch, Oliven, Kapern und etwas Pfeffer zu einer glatten Masse verrühren. Joghurt und Crème fraîche oder Schmand mischen und unter die Masse heben. Zum Schluss vorsichtig salzen und pfeffern.

## Thailändische Erdnusssoße

Erdnusssoße wird traditionell zu thai-
ländischen Saté-Spießen gereicht. Jeder
Straßenhändler, jede Hausfrau hat dabei
ihr eigenes Rezept. Diese Version ist also
auch nur eine von unzähligen Möglichkeiten und kann nach Lust und Laune
variiert werden. Sie passt zimmerwarm
oder heiß serviert am besten zu Hühner-
fleisch-Saté, aber auch zu Schweinefleisch, Hackfleisch oder Gemüse.

1 EL Ingwer, geschält und gerieben
1–5 Chilischoten, entkernt und fein gehackt
1 Knoblauchzehe, klein gehackt
2 Lauchzwiebeln, fein gehackt
200 g Erdnussbutter oder klein gemahlene gesalzene
Erdnüsse vermischt mit ein wenig Öl
250 ml Kokosmilch
2 EL Sojasoße
2 EL Zitronensaft
2 EL Zucker
1–2 EL Koriandergrün, gehackt

Ingwer, Chilis, Knoblauch, Lauch-
zwiebeln, Erdnussbutter, Kokosmilch,
Sojasoße, Zitronensaft, und Zucker bei
mittlerer Hitze unter Rühren aufkochen.
Bei geringer Hitze ca. 15 Minuten köcheln
lassen.
Soße vom Herd nehmen und mit Sojasoße,
Zitronensaft und Zucker abschmecken.
Zum Schluss das Koriandergrün unterhe-
ben.

## Chili-Mango-Salsa

Diese exotische Salsa ist besonders lecker
zu Geflügel und zu Fisch.

2 rote Paprikaschoten
1 reife Mango
1 Zwiebel, sehr fein gewürfelt
1 Knoblauchzehe, durchgepresst
1–2 Spritzer Tabasco
Saft von 1 Zitrone

2 EL Minze, gehackt
schwarzer Pfeffer
sehr wenig Salz

Wer den Aufwand nicht scheut, sollte die Paprika häuten. Alle anderen beginnen erst jetzt: Mango in Hälften schneiden und entkernen. Paprika und Mango fein würfeln. Mit den anderen Zutaten gut mischen und abschmecken.

## Türkisches Zwiebel-Relish

Dieses Relish findet sich in unterschiedlichen Versionen fast überall, wo in der Türkei gegrillt oder gepicknickt wird. Die Basis bilden immer Zwiebeln und Petersilie. Der Rest ist von den Vorlieben und der Fantasie der Köchin oder des Kochs abhängig. Unser Rezept erhält seinen besonderen Charakter durch den Granatapfelsirup, den es auch in Deutschland inzwischen in jedem gut sortierten türkischen oder arabischen Supermarkt gibt.

1 große Gemüsezwiebel, in dünne Ringe geschnitten
1 rote Paprika, entkernt, in dünne Streifen
    geschnitten
3 EL glatte Petersilie, gehackt
1 EL Paprikapulver
1 EL Zitronensaft
1 EL Olivenöl
Salz, Pfeffer
evtl. 1 EL Granatapfelsirup zum Aromatisieren

Alle Zutaten gut mischen, etwa 15 Minuten ziehen lassen und servieren.
Schmeckt zu allen Arten von kaltem Braten und besonders gut zu Lamm- und Hackfleischgerichten.

## Mango-Pfirsich- Soße

1 reife Mango, enthäutet und entkernt
2 Dosen-Pfirsiche (4 Hälften)
1 mittelgroße Zwiebel, klein gehackt
1 Knoblauchzehe, durchgepresst
1–3 kleine Chilischoten , klein gehackt
Saft von 1 ausgepressten Zitrone
1 EL Zucker
80 ml Pflanzenöl
2 EL Minzeblätter, fein gehackt
Salz, Pfeffer

Mango und Pfirsiche in kleine Würfel schneiden, mit den übrigen Zutaten mischen und mindestens 30 Minuten durchziehen lassen.
Schmeckt gut zu kaltem Braten, insbesondere zu Schweinebraten und Putenfleisch.

## Ananas-Chutney

1 gr. Dose Ananas oder 1 reife Ananas + 125 ml Ananassaft
1/2 rote Paprika, entkernt und in kleine Würfel geschnitten
60 g Rosinen
1–4 Chilischoten, fein gehackt oder Cayennepfeffer nach Geschmack
3 EL Koriandergrün, fein gehackt
3 EL Zucker
60 ml Apfelessig
1 Prise Zimt oder 1 Zimtstange
1 TL gemahlener Kardamom

Die Ananas in Würfel schneiden und mit dem (Dosen-)Saft und den übrigen Zutaten bei starker Hitze zum Kochen bringen. 5 Minuten bei geöffnetem Topf einkochen, bis die Ananas weich ist. Evtl. mit Zucker abschmecken.
Passt besonders gut zu Hähnchenfleisch. Gut verschlossen und gekühlt hält sich das Chutney mehrere Wochen.

# Rind, Schwein, Lamm. Und ein Würstchen

In den vorangegangenen Kapiteln ging es um Marinaden und Soßen, die zu vielerlei Fleisch passen. In diesem Kapitel geht es um spezielle Fleischgerichte, um besondere Stücke von Rind, Schwein und Lamm, die auf ganz spezielle Art und Weise zubereitet werden.

Weil alle Welt beim Grillen nur an das Eine denkt, wollten wir es uns eigentlich ersparen. Aber dann sind wir doch schwach geworden. Deshalb geht's in diesem Kapitel ganz zum Schluss doch noch um die Wurst.

## Hohe Rippe

Kein anderes Fleisch ist so saftig und aromatisch, so knusprig von außen und zartschmelzend in seinem Inneren wie die hohe Rippe. Amerikaner lieben daher ihre »prime rib«, Franzosen beinen sie aus und genießen sie als »Entrecôte«. In Deutschland ist der hohen Rippe dagegen ein trauriges Schicksal beschieden. Die meisten Hausfrauen oder -männer kochen sie einfach nur bis auf die letzte Faser aus und servieren sie danach als fades Suppenfleisch.

Schade! Denn als Grillfleisch ist sie einfach unwiderstehlich gut. Für uns gehört sie überhaupt zum Besten, was der Grill zu bieten hat. Vorausgesetzt, sie ist gut abgehangen und besitzt einen schönen Fettmantel, der beim Grillen langsam schmelzen kann und das Fleisch mit seinem Saft tränkt.

Das unten angegebene Gewicht und drei Rippenknochen sollte sie mindestens haben. Es reicht dann für vier Vielfraße oder sechs bis acht durchschnittliche Esser. Wenn die hohe Rippe mehr wiegt, erhöht sich die Grillzeit um ca. 15 Minuten pro Pfund.

**Ca. 3,5 kg hohe Rippe**
**1 EL grobes Salz**
**1 EL schwarzer Pfeffer, frisch gemahlen**
**2 EL Rosmarinnadeln, fein gehackt**
**6 Knoblauchzehen, durchgepresst**
**2 EL Olivenöl**

**Für die Burgunderzwiebeln:**
**3 große Gemüsezwiebeln, in dünne Scheiben**
   **geschnitten**
**2 Knoblauchzehen, durchgepresst**
**1 EL Butter**
**1 EL Olivenöl**
**0,2 l Rotwein, z. B. Côtes du Rhône**
**2 TL Zucker**
**1 Msp Cayennepfeffer**
**Salz, Pfeffer**

Das Fleisch mit den Gemüsezwiebeln bedecken. Das geht am besten, sprich einfachsten und geruchlosesten, wenn Sie zum Lagern einen Gefrierbeutel verwenden.

Nach etwa 4 Std. die Zwiebeln entfernen. Nicht wegwerfen! Sie werden später noch gebraucht. Salz, Pfeffer, Rosmarin und Knoblauch mit dem Olivenöl mischen und das Fleisch damit von allen Seiten einreiben, auf den eingefetteten Rost legen und mit der indirekten Grillmethode (s. Kapitel »Kleine Grillschule«) grillen. ca. 1 1/2 Std. braucht das Fleisch, um rosa (medium rare) zu werden. Nach ca. 2 Std. ist es halbrosa (medium). Anfängern, die einen Braten dieser Größe grillen wollen, leistet ein Fleischthermometer gute Dienste: Bei knapp 60 Grad ist das Fleisch rosa, bei 70 Grad halbrosa.

Fortgeschrittene können die hohe Rippe auch mit der direkten Grillmethode garen. Wir wollen aber nicht verschweigen, dass man dazu viel Fingerspitzengefühl braucht.

Vor dem Aufschneiden muss das Fleisch unbedingt 10–15 Minuten ruhen (s. Kap. »Kleine Grillschule, Abs. »Ruhen lassen«). Decken Sie es dazu mit Alufolie ab.

Währenddessen werden die Zwiebeln mit den Knoblauchzehen in Butter und Öl ca. 5 Minuten gedünstet und mit Zucker, Salz, Pfeffer und Cayennepfeffer gewürzt. Wenn die Zwiebeln glasig sind, wird der Rotwein angegossen. Ca. 10 Minuten köcheln lassen und zusammen mit dem dünn aufgeschnittenen Fleisch servieren.

## Fleischspieße mit Aprikosen

700 g Rinder- oder Schweinefilet
6 kleine Zwiebeln, geviertelt
200 g getrocknete Aprikosen
2 Knoblauchzehen, durchgepresst
6 EL Olivenöl
Saft einer Zitrone

1 MSP Zimt
Salz, Pfeffer

Das Fleisch in Würfel schneiden, abwechselnd mit Zwiebeln und Aprikosen auf Spieße stecken. Die übrigen Zutaten gut vermischen und die Spieße darin marinieren. Abtropfen lassen und etwa 10 Minuten grillen.

## Italienischer Spanferkelbraten

Schweinefleisch eignet sich hervorragend zum Grillen. Sein Fettanteil sorgt dafür, dass es auch bei längerem Garen saftig bleibt, sein Eigengeschmack verbindet sich perfekt mit allen Arten von Gewürzen, Kräutern, Soßen und Marinaden. Während Südamerikaner und Asiaten feurig oder auch süß-sauer mariniertes Schweinefleisch bevorzugen, nehmen Italiener lieber nur einige ausgesuchte Kräuter, um das Aroma ihres Spanferkelbratens zu unterstützen.

Für 8 Personen:

**1 Spanferkel von ca. 8 kg**

**10 Knoblauchzehen, klein gehackt**

**1 Bd Rosmarin**

**100 ml Olivenöl**

**2 EL grobes Salz**

**2 EL Pfeffer, frisch gemahlen**

**Salz, Pfeffer für die Außenseite des Ferkels**

Die Rosmarinnadeln abstreifen und mit einem Hackmesser kleinhacken, mit den übrigen Zutaten im Mörser zu einer Paste vermischen oder im Mixer pürieren. Den Bauchraum des Spanferkels mit der Paste dick ausstreichen und mit Fleischergarn zunähen. Die Außenseiten des Spanferkels salzen und pfeffern und 24 Stunden im Kühlschrank ruhen lassen. Anschließend den Braten auf einen Drehspieß stecken und ca. 2-2 1/2 Stunden über heißer Glut oder indirekt (s. Kap. »Kleine Grillschule«) grillen. Wenn das Spanferkel von allen Seiten knusprig braun ist, ist das Fleisch so zart, dass Sie es mit der Gabel zerlegen können. Entfernen Sie den Spieß und das Garn und lassen Sie den Braten zunächst 5 Minuten ruhen, servieren Sie ihn mit gebuttertem Ciabattabrot und Caponata (Rezept: s. Kap. »Salate«).

**→ Tipp:**

**→** Statt des Rosmarins können Sie auch viele andere Kräuter und Gewürze nehmen. Faustregel: alles was dem Schweinchen schmeckt, würzt auch sein Fleisch. Besonders aromatisch: zerstoßener Fenchelsamen.

## Spare Ribs

Zugegeben: viel dran ist nicht an Spare Ribs. Aber ihr Geschmack – einfach himmlisch.

Spare Ribs sind ein Muss bei jedem amerikanischen Barbecue. Am liebsten werden sie zwischendurch eingeschoben, als kleiner knuspriger Snack zwischen Steak und Hamburger. Auch in Europa entdecken immer mehr Grillfans die schmackhafte kleine Knabberei. In Asien und Mittelamerika findet man die Spare Ribs vor allem auf den Grills der vielen Garküchen, die rund um die Märkte stehen.

**Die folgenden Rezepte sind jeweils für 2 kg Schälrippen bestimmt.**

## All-american Spare Ribs

250 g Tomaten-Ketchup
150 g Honig
3 EL Öl
1/8 l Ananassaft
2 sehr klein gehackte Knoblauchzehen
1 EL Oregano
Cayennepfeffer nach Geschmack

Den Ketchup mit dem Honig, dem Öl und dem Ananassaft verrühren. Knoblauch, Kräuter und Cayennepfeffer hinzufügen und die Rippchen vor dem Grillen mehrere Stunden in der Marinade ziehen lassen.

## Spare Ribs auf mexikanisch

nach Geschmack 2–10 Chilischoten, klein gehackt
5 Fleischtomaten, enthäutet, entkernt, klein gewürfelt
2 Zwiebeln, gehackt
100 ml Öl
1 EL scharfer Senf
2 EL Worcestersoße
Salz, Pfeffer

Alle Zutaten gut verrühren, die Spare Ribs vor dem Grillen mehrere Stunden darin marinieren.

## Spare Ribs mediterran

150 ml Weißwein
2 EL Zitronensaft
100 ml Olivenöl
3 EL »Kräuter der Provence« (Thymian, Rosmarin,
Oregano), fein gehackt
3–5 Knoblauchzehen, fein gehackt
3 fein gehackte Sardellenfilets
Salz, Pfeffer

Alle Zutaten gut verrühren, die Spare Ribs vor dem Grillen mehrere Stunden darin marinieren.

## Asiatische Spare Ribs

150 g Honig
150 ml Sojasoße
3 EL Apfelessig
1 EL scharfer Senf
1 EL Sesamöl
3 EL gerösteter Sesamsamen
Pfeffer

Alle Zutaten gut verrühren, die Spare Ribs vor dem Grillen mehrere Stunden darin marinieren.

## Gefüllte Schweinekoteletts

4 dickere Stiel-Koteletts
6 dünne Scheiben Salami, klein geschnitten
80 g Feta-Käse
1 kleine Zwiebeln, fein gewürfelt
5 EL Knoblauchbutter
1 Eigelb
1 EL Minzeblätter oder Petersilie, fein gehackt
4 Knoblauchzehen
1/2 kleine Zucchini, fein gewürfelt
etwas Butter zum Andünsten
Salz, Pfeffer

Die Zucchini- und Zwiebelwürfel kurz in Butter andünsten und beiseite stellen.
In jedes Kotelett mit einem kleinen, spitzen Messer seitlich eine Tasche schneiden. Den Käse mit den Fingern zerbröseln und mit den Salamistückchen, den Zwiebel- und Zucchiniwürfeln und dem Eigelb gut vermischen. Die Mischung mit einem kleinen Löffel in die Fleischtaschen geben. Die Öffnungen mit jeweils einem Holzzahnstocher schließen. Die gefüllten Koteletts mit etwas Knoblauchbutter bestreichen und von jeder Seite etwa 5-7 Minuten grillen. Dabei mehrmals mit der restlichen Knoblauchbutter betreichen.

## Marokkanisches Lamm (Méchouiy)

In Nordafrika, in Algerien, Tunesien und Marokko werden Hochzeiten und andere große Feste mit Méchouiy, einem langsam gegrillten Lamm, gefeiert. Wohlgemerkt, mit einem ganzen Lamm. Das Tier wird ausgenommen, gewürzt, eingeölt oder gebuttert und dann stundenlang über einem kleinen Feuer gegart. Wir haben uns für dieses Rezept mit einer handlichen Keule begnügt. Dem köstlichen Geschmack dieses Festessens tut dies keinen Abbruch.

1 Lammkeule (etwa 1,5 - 1,8 kg ohne Knochen)
200 g Butter
2 Zweige Minze, abgestreift und in feine Streifen
    geschnitten
1 EL marokkanische Rous-al-Hanut- Gewürzmischung
    (gibts im marokk. oder türk. Supermarkt, ersatz-
    weise je ein TL Koriander, Kreuzkümmel, Paprika)
Salz, schwarzer Pfeffer

Die Lammkeule entbeinen. Schneiden Sie dort, wo der Knochen lag, das Fleisch noch einmal auf beiden Seiten tief ein, so dass es sich nach rechts und links aufklappen lässt. Im Zweifelsfall erledigt dies der Metzger. Die Lammkeule mit den aufgeklappten Innenseiten nach oben auf die Arbeitsfläche legen, salzen und pfeffern. Die übrigen Zutaten zu einer weichen Paste verkneten und mit einem Teil davon (etwa 2/3) die Innen- und die Außenseite der Keule bestreichen. Das Fleisch mit der Außenseite nach unten auf den heißen Grill legen und etwa 30-40 Minuten garen. Dabei von Zeit zu Zeit wenden. Das Grillfeuer darf nicht zu heiß werden, sonst verbrennt das Fleisch. Alle 5 Minuten die Oberfläche der Keule mit der restlichen Würzbutter bestreichen.

Mit Joghurt-Minze-Soße (s. Kap. »Soßen«) und mit frischem Pita- oder Weißbrot servieren.

## Kleftiko

Kleftiko ist eines der besten, ja vielleicht das beste Gericht, das die griechisch-zypriotische Küche kennt. Lamm oder Ziegenfleisch wird dazu in besondere, luftdicht verschlossene Lehmöfen gestellt. Nach stundenlangem Garen ist das Fleisch so weich, dass es vom Knochen fällt. Fast jedes zypriotische Haus besitzt im Hinterhof einen solchen kleinen Kleftiko-Ofen, aus dem es an Feiertagen würzig duftet. In den Städten, wo es solche Öfen nicht gibt, geben die Hausfrauen das Fleisch in einen Tontopf, verschließen ihn mit einer Paste aus Mehl und Wasser und backen das Gericht im normalen Küchenofen.

Wir bereiten unser Kleftiko mit Hilfe von Alufolie, einem Ton-Blumentopf und viel heißer Glut zu.

4 Lammhaxen oder 1 Lammkeule, die in 6 Teile zerlegt wird. (In diesem Fall entsprechend mehr Gemüse, Thymian, Lammfett und Olivenöl)

8 mittelgroße Kartoffeln

4 Zucchini, in 4 Stücke geschnitten

4 Zwiebeln, geviertelt

4 Tomaten, gewürfelt

4 Stückchen Lammfett

4 EL Olivenöl

4 Thymianzweige, nach Geschmack

Saft von 4 Zitronen

Salz, Pfeffer

Das Fleisch mit dem Zitronensaft bestreichen und mit Salz und Pfeffer würzen. Je ein Stück auf ein Stück Alufolie legen. Gemüse, Lammfett und die Thymianzweige auf die Fleischstücke verteilen, noch einmal salzen und pfeffern und mit je einem EL Olivenöl beträufeln. 4 (bei Lammkeule 6) Päckchen wickeln, diese in einen Tontopf mit Deckel legen und den

Tontopf mit Lehm oder mit einer Paste aus Mehl und Wasser verschliessen. Den gut verschlossenen Tontopf für 3-4 Stunden tief in die Asche eines größeren Grillfeuers legen.

➡ **Tipp:**

➡ Für dieses Rezept können Sie Ihren guten alten Römertopf wieder hervorkramen. Ebenso gut gehts aber auch mit einem ganz normalen Terracotta- oder Ton-Blumentopf. Als Deckel dient dann ein passender Untersetzer, natürlich ebenfalls aus Ton. Wer auch dies nicht besitzt, kann die Kleftiko-Päckchen extra dick in Alufolie einpacken und direkt in die Glut legen.

## Käse-Paprika-Würstchen

4 feine Bratwürste
2 Scheiben Butterkäse, in 3 cm breite Streifen
    geschnitten
8 Scheiben geräucherter Schinken
Paprikapulver nach Geschmack

Die Würstchen längs aufschneiden, so dass man sie aufklappen kann. Die Käsestreifen in die Würste legen und mit Paprikapulver bestreuen. Die Würste wieder zusammenklappen, mit dem Schinkenspeck umwickeln und von jeder Seite etwa 5 Minuten grillen.

# Geflügel und anderes Kleinvieh

Gegrillte Hähnchen zählen weltweit zu den beliebtesten Grillgerichten. Weil sie so unendlich viele Variationen zulassen und weil sie deshalb die Fantasie jedes Grillfans immer wieder von Neuem beflügeln. Außerdem sind Hähnchen und anderes gefiedertes und ungefiedertes Kleinvieh so unübertroffen billig. Das macht sie zum Festschmaus auch dort, wo Fleisch sonst für die meisten Menschen unerschwinglich ist.

## Safran-Hähnchen

Dieses einfache und köstliche Grillgericht bekommt sein besonderes Aroma durch Safran. Joghurt und Zitrone verleihen ihm zusätzlich einen orientalischen Touch. Und sie sorgen dafür, dass selbst aus einem »Gummiadler« noch ein zartes Hähnchen wird.

2 Hähnchen à 1,2 kg oder eine große Poularde à 2,2 kg
250 g Joghurt
Saft einer Zitrone
2 Zwiebeln, fein gehackt
10–20 Safranfäden
100 g Butter, geschmolzen
Salz, Pfeffer

Das oder die Hähnchen in 8-12 Teile zerlegen. Die Fleischstücke mehrmals bis auf die Knochen einschneiden. Die Safranfäden in einem Mörser zerstoßen und in der geschmolzenen Butter ca. 10 Minuten ziehen lassen. 1/3 der Safranbutter beiseite stellen, mit Salz und Pfeffer würzen. Die Zwiebeln zur restlichen Butter geben und 3-4 Minuten dünsten und dann etwas abkühlen lassen. Zitronensaft, Joghurt, Salz und Pfeffer hinzufügen und zu einer Marinade rühren. Hähnchenteile und Marinade in einen Gefrierbeutel geben und im Kühlschrank durchziehen lassen. Dabei von Zeit zu Zeit den Beutel durchwalken, damit die Marinade besser einzieht. Nach ca. 24 Stunden das Fleisch auf den geölten Rost legen und bei kleiner Hitze ca. 20 Minuten grillen. Dabei mehrmals mit der beiseite gestellten Safranbutter bestreichen und darauf achten, dass das Fleisch nicht verbrennt.

## Australische Hähnchenflügel in Biermarinade

Australier lieben Hähnchenflügel. Zu Recht! Zum Grillen sind sie das Beste, was ein Hähnchen zu bieten hat. Ihr Fleisch ist schön fett und bleibt deshalb beim Grillen saftig. Außerdem bestehen Hähnchenflügel überwiegend aus Haut, die während des Grillens knusprig geröstet wird. Grillfanatiker – und das sind fast alle Australier – können einer solchen Versuchung nicht widerstehen, auch wenn danach die Cholesterinwerte wie Bumerangs in die Luft gehen.

Der einzigartige Genuss von Hähnchenflügeln wird durch die pikante Biermarinade und die Barbecuesoße noch gesteigert. Man braucht nicht einmal australisches Bier dazu. Wir haben zum Beispiel beste Erfahrungen mit Altbier gemacht.

MARINADE FÜR 20 HÄHNCHENFLÜGEL:

60 ml Pflanzenöl

60 ml Zitronensaft, frisch gepresst

60 ml Worcestersoße

120 ml Bier (Altbier oder australisches Bier)

Salz, schwarzer Pfeffer

Alle Zutaten miteinander mischen und die Hähnchenflügel über Nacht darin marinieren.

Dazu gehört diese BARBECUESOßE:

2 EL Pflanzenöl

1 kleine Zwiebel, fein gehackt

1 Knoblauchzehe, durchgepresst

1 Stück Ingwer, geschält und gerieben

1 TL Chilipulver

250 ml Ketchup

80 ml Bier

2 EL Zitronensaft, frisch gepresst

2 EL Worcestersoße

2 EL Rotweinessig

2 EL Honig

1 EL Sojasoße

1 EL scharfer Senf

Salz, schwarzer Pfeffer

Für die Soße das Öl langsam erhitzen. Zwiebeln, Knoblauch, Ingwer und Chilipulver zufügen und unter Rühren etwa 5 Minuten andünsten, bis Zwiebeln und Knoblauch Farbe annehmen. Die restlichen Zutaten hinzufügen und alles zum Kochen bringen. Hitze reduzieren und die Soße weitere 15 Minuten köcheln lassen, bis sie dicklich wird.

Die Hähnchenflügel werden etwa 15 Minuten direkt über der Glut gegrillt. Bestreichen Sie sie gegen Ende der Garzeit mit einem Teil der Soße. Den Rest kurz vor dem Servieren über die Flügel geben.

➡ Tipp:

➡ Zum Grillen werden die Spitzen der Hähnchenflügel abgeschnitten. Jeweils 3-4 Flügel werden auf zwei parallele Holzspieße aufgespießt, so dass das Ganze einer schiefen Leiter ähnelt.

## Jamaikanisches Grillhähnchen

Jerk nennen die Jamaikaner ihre spezielle Version des Grillens, bei dem sie das Fleisch mit einer höllisch scharfen Marinade bestreichen und dann auf flachen Grillöfen ganz langsam rösten.

2 Hähnchen (à 1,2 kg)

250 g Zwiebeln, geviertelt

50–200 g Chilischoten, entkernt und geviertelt

1 Stück (ca. 5 cm) Ingwer, geschält und in Scheiben geschnitten

1 EL Piment

3 EL frische Thymianblätter

1 EL schwarzer Pfeffer

60 ml Weißweinessig

60 ml Sojasoße

100 ml Wasser

2 EL Honig

Zwiebeln, Chilis und Ingwer im Mixer sehr klein hacken und mit den übrigen Gewürzen, dem Essig, dem Wasser und der Sojasoße mischen. Das Hähnchen in 6 Teile zerlegen und etwa 1-3 Stunden in der Marinade einlegen. Idealerweise grillen Sie das Fleisch zunächst bei sehr schwacher Hitze ganz langsam. Erst wenn es zu drei Vierteln gar ist, wird es noch einmal über sehr heißem Holzkohlenfeuer geröstet.

**⇒ Tipp:**

⇒ Jerk-Marinade eignet sich auch für Fisch, Rind- oder Schweinefleisch. Allerdings ändert sich dann die Einwirkzeit für die Marinade. Bei Fisch reicht eine halbe Stunde, große Braten vertragen mehrere Stunden.

Größere Fleischstücke können dann im Backofen vorgegart werden.

# Entenbrust in Orangensoße

2 Entenbrüste
100 ml Olivenöl
2 EL Rotweinessig
2 EL Orangenlikör
100 ml Orangensaft
 2 EL Honig oder Orangenmarmelade
1 EL Thymianblätter, gehackt
Salz, schwarzer Pfeffer

Die Entenbrüste von der Haut befreien, jede Brust in 4 Längsstreifen schneiden. Die Zutaten der Marinade mischen. Das Fleisch 4-6 Stunden darin ziehen lassen und der Länge nach aufspießen. Über der Glut grillen, bis es innen rosa ist.
Die Marinadenflüssigkeit einkochen, bis sie dicklich wird, und als Soße zum Fleisch reichen.

# Gefüllte Kaninchenkeulen

4 Kaninchenkeulen
12 entsteinte Trockenpflaumen
5 EL Cognac
12 Scheiben geräucherter Schinken
1 Zweig Salbeiblätter (getrocknete Salbeiblätter gehen
    ebenso gut)
Salz, Pfeffer

Die Oberschenkelknochen mit einem scharfen Messer aus den Keulen lösen, das Fleisch salzen und pfeffern. Die Trockenpflaumen 5 Minuten in Cognac leicht erhitzen, herausnehmen, abtropfen lassen und jeweils 2 Salbeiblätter und drei Pflaumen in die Fleischeinschnitte legen. Um die Keulen herum jeweils 2-3 Schinkenscheiben wickeln und mit einem Zahnstocher feststecken. Bei kleiner Hitze etwa 20 Minuten grillen.

➡ **Tipp:**
➡ Dieses Gericht schmeckt auch wunderbar, wenn Sie statt der Kaninchenkeulen dicke Putenschnitzel nehmen.

## Bunte Kaninchenspieße

**1 gelbe Paprika**
**1 rote Paprika**
**1 Kaninchenrücken, ausgelöst**
**1 TL Paprikapulver**
**1 TL frische Thymianblättchen**
**Olivenöl zum Bestreichen**
**Salz, Pfeffer**

Das Kaninchenfleisch in ca. 1 cm kleine Würfel schneiden. Im Paprikapulver und in den Thymianblättern wälzen und mit Salz und Pfeffer würzen. Die Paprika vierteln, entkernen und mit der Oberseite auf den heißen Grill legen, bis die Haut Blasen wirft und teilweise schwarz wird. Mit einem scharfen Messer die Haut von den Paprikavierteln abziehen und das Gemüse in kleine Rauten schneiden. Auf Holzspieße jeweils abwechselnd ein Stück rote, ein Stück gelbe Paprika und ein Stück Fleisch stecken. Die fertigen Spieße mit Olivenöl bepinseln und etwa 5 Minuten auf den heißen Grill legen.

➡ **Tipp:**
➡ Statt des Kaninchenrückens kann für dieses Rezept ebenfalls Puten- oder Hähnchenbrust verwendet werden.

# Burger, Köfte und Kebab

Die einen nennen sie Burger, die anderen Frikadellen, Cevapcici, Köfte oder Kebab. Gegrilltes Hackfleisch erfreut die Feinschmecker fast überall auf der Welt. Am besten schmeckt es natürlich, wenn man es aus bestem Fleisch selber zubereitet. Aber auch mit gekauftem Hackfleisch lassen sich leckere Gerichte herstellen. Wir haben hier unsere Lieblingsrezepte aus aller Welt versammelt.

In einigen soll das Hackfleisch aufgespießt bzw. um Spieße herumgeformt werden. Grillspieße aus Metall oder Holz gibt es in vielen türkischen oder marokkanischen Geschäften, manchmal auch in deutschen Supermärkten oder Haushaltswarenläden. **Holzspieße wässern wir vor Gebrauch, damit sie kein Feuer fangen und sich das Fleisch nach dem Grillen besser vom Holz löst.**

Wir haben besonders gute Erfahrungen mit Holzspateln gemacht. Normalerweise werden diese flachen Hölzchen von Ärzten gebraucht, um Patienten in den Rachen zu schauen. Als Grillspieße haben sie genau die richtige Größe für ein bis zwei Hackbällchen. Sie sind flach und rollen deshalb nicht vom Rost herunter. Und man kann sie halten wie ein Eis am Stiel.

Stammkunden tritt der Doktor vielleicht gerne ein paar Spatel ab. Notfalls gibt es sie aber auch in der Apotheke: im Hunderterpack für rund 7 DM.

Am einfachsten lässt sich Hackfleisch aufspießen, wenn das Fleisch vorher angefroren wird. Es lässt sich dann besser formen. Wenn es dabei nicht richtig zusammenhält, mischen Sie **ein Ei oder ein wenig altes Weißbrot unter**.

Aus hygienischen Gründen sollte **Hackfleisch bis zum Grillen möglichst kühl gelagert** werden.

Beim Grillen lässt man die Spieße am besten in der Luft schweben, indem man beispielsweise ein paar Steine rechts und links vom Feuer aufschichtet und die Spieße darüber legt. So können die Spieße nicht am Rost festkleben. Falls es keine Steine gibt und man den Rost zum Grillen nehmen muss, sollte man ihn vorher sehr gut einölen. Ebenso wenn man Burger zubereiten will, denn die amerikanischen Fleischklopse kommen in jedem Fall direkt auf den Rost.

# Burger

## Amerikanische Hamburger

Hamburger sind der Inbegriff amerikanischen Junk Foods. Zu Unrecht. Der klassische amerikanische Hamburger wird aus allerbestem Rindfleisch zubereitet, aus Lende, Kamm oder Keule, und aus sonst gar nichts. Wir machen es genauso und verzichten auf alles, was dem Fleisch seinen Eigengeschmack raubt. Brötchen, Ei, aber auch Zwiebeln und Gewürze müssen draußenbleiben, wenn es ein echter US-Burger werden soll.

Zutaten für den Burger
750 g Rinderhack (möglichst Keule, Kamm oder Lende)
4 Scheiben einer milden Gemüsezwiebel
2 EL zerlassene Butter oder Olivenöl
Salz, schwarzer Pfeffer
4 Hamburger-Brötchen

Für den Belag:
**Blätter vom Eisbergsalat**
**Tomatenscheiben**
**Gewürzgurken, in Scheiben geschnitten**
**8 Streifen Speck, gebraten**
**Ketchup oder BBQ-Soße (s. Kap. »Soßen«)**
**Senf**
**Mayonnaise**

Das Fleisch in vier Portionen teilen. Mit angefeuchteten Händen runde, gleichmäßig dicke Scheiben formen. Den heißen Rost gut einfetten, Hacksteaks und Zwiebelscheiben auf einer Seite dünn mit zerlassener Butter oder Öl bestreichen und mit Salz und Pfeffer würzen. Hacksteaks und Zwiebelscheiben mit gebutterter bzw. eingeölter Seite nach unten auf den heißen Grillrost legen und ca. 4-6 Minuten grillen. Nun die obere Seite buttern bzw. einölen, salzen und pfeffern. Hamburger und Zwiebelringe wenden und wieder 4-6 Minuten grillen. Mit der restlichen Butter, bzw. dem Öl, die Innenseiten der Brötchen bestreichen und diese mit der eingefetteten Seite nach unten in den letzten beiden Minuten mit grillen. Danach die Brötchen nach Geschmack belegen, Burger und Zwiebelringe darauf legen und servieren.

## Cheeseburger
Zusätzlich zu den oben genannten Zutaten brauchen Sie:

**4 Scheiben Emmentaler, Schweizer Käse oder mittelalten Gouda. Blauschimmelkäse für die Liebhaber würziger Speisen oder – weil Kinder ihn so lieben – Scheiblettenkäse.**

Der Käse kommt nach dem Wenden auf das Fleisch und bleibt dort, bis er geschmolzen ist. Manchmal muss man dafür den Burger an den Rand des Rosts legen, wo die Hitze etwas geringer ist.

## Spezial-Cheeseburger

Diese Sonderform des Cheeseburgers ist besonders würzig. Sie brauchen dafür 4 ca. 1 cm dicke, 5x5 cm große Scheiben Schafskäse. Formen Sie den Hamburger um den Käse herum und verfahren Sie wie oben angegeben.

## Marinierte Hamburger

New Yorker Arbeiter stillen ihren Hunger am Mittag mit Hamburgern wie diesem, der in Wein und Knoblauch mariniert ist und an Straßenständen gegrillt wird.

750 g Rinderhack (möglichst Keule, Kamm oder Lende)
8 Knoblauchzehen, fein gehackt
250 ml trockener Weißwein
Salz, schwarzer Pfeffer
4 Brötchen

Das Fleisch in 4 Portionen teilen und daraus mit angefeuchteten Händen flache Scheiben formen. Mit Knoblauch bestreuen, mit Wein begießen und mit Salz und Pfeffer würzen. Die Hamburger 3 Stunden im Kühlschrank ruhen lassen, dabei nur stündlich wenden. Eine halbe Stunde vor dem Grillen aus dem Kühlschrank nehmen, 3-4 Minuten pro Seite blutig grillen. Auf Brötchen servieren.

## Chicken-Burger

Es muss nicht immer Fleisch von Vierbeinern sein. Auch aus Geflügelfleisch lässt sich ein schmackhafter Burger machen. Im Südwesten der USA, in Neu-Mexiko serviert man zum Beispiel diesen pikanten Chicken-Burger:

500 g Hühnerbrust (ohne Haut), gehackt oder durch die große Scheibe des Fleischwolfs gedreht
2 Scheiben Toastbrot (ungetoastet), zerrieben
1/2 rote Paprika, klein gehackt
2 Lauchzwiebeln, klein gehackt

1 grüne Chilischote, klein gehackt
Pflanzenöl
Salz, schwarzer Pfeffer
4 Hamburger-Brötchen oder geröstete Toastbrotscheiben

Für den Belag:
einige Blätter Eisbergsalat und dünn geschnittene Zwiebelringe

Hühnerbrustgehacktes, Brotkrumen, rote Paprika, Lauchzwiebeln, grüne Chilischoten, Salz und Pfeffer mit feuchten Händen verkneten und zu vier gleichgroßen, flachen Scheiben formen. Mit dem Öl den heißen Rost gut einfetten, die Chickenburger auf jeder Seite jeweils 1-2 Minuten grillen, dann von der Mitte an den Rand des Rosts legen und noch einmal jede Seite 3-4 Minuten grillen. Die Chickenburger sind gar, wenn sie im Inneren nicht mehr rosa sind, bzw. wenn sie bei leichtem Druck mit der Grillzange nicht mehr dauerhaft nachgeben. Während der letzten Grillminuten werden die Brötchen kurz geröstet. Alles zusammen mit dem Eisbergsalat und den Zwiebelringen belegt servieren.

→ Tipp:
→ Dazu passt am besten eine scharfe Mayonnaise aus:

150 ml Mayonnaise
150 g Joghurt
1 EL scharfer Senf
1 EL Zitronensaft
1-3 Chilischoten
Salz, Pfeffer

Alle Zutaten im Mixer gut verquirlen. Eventuell nachwürzen und bis zum Servieren kaltstellen.

## Köfte und Co

Von Nordafrika und dem Balkan über den Iran bis nach Pakistan und Indien gehören gegrillte Hackfleischspieße zum beliebtesten Fast Food. Köfte, Kebab, Cevapcici – so unterschiedlich wie die Namen sind auch die Bestandteile. Mal bestehen die Hackfleischspieße nur aus Rinder- oder Lammhack, gewürzt mit Zwiebeln, Knoblauch und Petersilie, mal kommen Eier, Reis oder Mehl hinzu, damit die Masse besser zusammenhält – und mehr ergibt. Auch die Gewürze sind je nach Land verschieden. In Algerien, Marokko und Tunesien würzt man mit Kreuzkümmel und Paprika, im Vorderen Orient mit Minze und Zimt. Inder bevorzugen Ingwer, Kreuzkümmel und Kurkuma für ihre Lammhackspieße.

## Schisch Kebab

750 g Lamm- oder Rinderhack

300 g Cabanossi-Wurst oder Schinkenpfefferlinge, in 2,5 cm lange Scheiben geschnitten

250 g Champignonkappen

2 rote Paprikaschoten, in 2x2 cm breite Stücke geschnitten

2 kleine Zucchini, in 1 cm dicke Scheiben geschnitten

2 mittelgroße Zwiebeln, geviertelt

250 g Kirschtomaten

Für die Marinade:

1 grüne Paprikaschote, klein gewürfelt

100 g Honig

1 EL Essig

60 ml Pflanzenöl

Saft von 2 Zitronen

1 Stück (ca. 5 cm lang) Ingwer, geschält und gerieben

1 Knoblauchzehe, fein gehackt

200 ml Ketchup oder BBQ-Soße (s. Kap. »Soßen«)

1/4 TL Zimt

1/2 TL gemahlener Kreuzkümmel
einige Spritzer Tabasco nach Geschmack
Salz, Pfeffer

Für die Marinade alle Zutaten in einer Schüssel mischen. Aus dem Hack kleine Bälle formen und abwechselnd mit dem Gemüse und den Wurstscheiben auf Spieße stecken. Diese nebeneinander in eine flache Form legen und mit der Marinade begießen. Bei Zimmertemperatur 2 Stunden marinieren und dabei einmal wenden. Die Kebabs 10 bis 15 Minuten grillen, dabei regelmäßig mit der Marinade bepinseln und wenden.

# Türkische Kebabs mit gegrillten Auberginen und Joghurt

Für die Kebabs:
500 g Lammhackfleisch
1 Zwiebel, fein gehackt
2 Knoblauchzehen, durchgepresst
1/2 TL Kreuzkümmel
Salz, schwarzer Peffer

Für das Auberginenpüree:
2 große oder 4 kleine Auberginen
2 Knoblauchzehen, durchgepresst
150 g Naturjoghurt
1 EL Zitronensaft, frisch gepresst
Salz, schwarzer Peffer

Für die Joghurtsoße:
150 g Naturjoghurt
2 EL glatte Petersilie, fein gehackt
1 winzige Prise Salz

Das Hackfleisch mit den Zwiebeln, Knoblauch, Salz, Kreuzkümmel und Pfeffer 3-4 Minuten gründlich verkneten. Die Mischung je nach Länge der vorhandenen Spieße oder Spatel in 4-6 Portionen teilen. Mit leicht angefeuchteten Händen jede Portion zu einem länglichen Kloß rollen und um jeweils einen Spieß oder Spatel formen. Auf ein Backblech oder über eine Auflaufform legen, abdecken und 1-2 Stunden im Kühlen ruhen lassen.

Die Auberginen garen und enthäuten. Dafür Grill anheizen, Auberginen auf den sehr heißen Rost legen und etwa 20-30 Minuten grillen, währenddessen mit einer Grillzange wenden. Sobald die Haut rundum schwarz und das Fruchtfleisch weich ist, von der Glut nehmen, abkühlen lassen und die verbrannte Haut abkratzen. Ein paar verbrannte Stücke können dabei ruhig dranbleiben, das ergibt einen würzigen Geschmack. Die Aubergine in grobe Stücke schneiden und pürieren. Mit Knoblauch, Joghurt, Zitronensaft, Salz und Pfeffer mischen und abschmecken.

Die Zutaten für die Joghurtsoße mischen, mit ein paar Petersilienblättern dekorieren.

Nun werden die Kebabs gegrillt: entweder auf dem gut eingeölten Rost oder frei schwebend, etwa zwischen zwei Ziegelsteinen. Grillzeit: etwa 6-8 Minuten auf jeder Seite.

Mit dem Auberginenpüree und der Joghurtsoße servieren.

# Orientalisches Köfte

750 g Hackfleisch (Rind oder Lamm oder gemischt)
1 kleine Zwiebel, fein gehackt
1 Knoblauchzehe, durchgepresst
1 kleiner Bd glatte Petersilie, sehr fein gehackt
Salz, schwarzer Pfeffer

Variationen:
Versuchen Sie zusätzlich zur Petersilie 1 TL Kreuzkümmel und 1 EL fein gehackte Korianderblätter oder anstatt der Persilie sehr fein gehackte Minze mit 1/4 TL Zimt, bei Lammhack evtl. zusätzlich Saft von 1/2 ausgepressten Zitrone.
Evtl. ein Ei, falls die Masse nicht am Spieß hält.

Alle Zutaten 3-4 Minuten kneten, längliche Klößchen formen und diese mit angefeuchteten Händen um die Spieße herum formen. Über der heißen Glut etwa 10 Minuten grillen, auf Weißbrot, Brötchen oder heißem Pittabrot servieren.

➜ Tipp:

➜ Zu den orientalischen Lammhackspießchen passen sehr gut eine Joghurt-Soße mit Minze, s. Kap. Marinaden: »Orientalische Joghurt-Marinade« und der »Orientalische Salat« im Picknick-Teil.

# Aldiland (fast) allüberall

Wir freuen uns über jede Aldi-Filiale, die wir auf unseren Auslandsreisen finden. Sieh an, ein Stück Heimat in der Fremde, wo wir wissen, was wir kriegen. Wo Aldi ist, sind wir zu Hause – selbst in Australien. Auch wenn es andere Produkte sind: wo draußen Aldi drauf steht, ist Qualität zu Niedrigpreisen drin. Darauf ist Verlass. Selbst wenn Aldi gar nicht Aldi heißt, sondern Hofer wie in Österreich. Wir wissen, dass wir uns auf Aldi verlassen können, auf Aldi-Süd oder Aldi-Nord, je nach Wohnort. »Why you save at Aldi!« heißt die amerikanische Lektion im www, und los gehts. High Quality Products werden bei Aldi im »no frills environment« verkauft, lesen wir, in einer Umgebung ohne Kinkerlitzchen. Aha! Also nix mit freundlichen jungen Männern, die die Einkäufe in Tüten packen, mit Kreditkarten und netter Deko. Dafür dürfen die Customers am Savings Process teilnehmen. Zum Beispiel indem sie ihre Einkaufskarren nicht mehr einfach auf dem Parking Lot herumstehen lassen, sondern wieder brav zum Aldi-Store zurückbringen. Das spart Aldi die Kosten für die Parkplatzaufräumer und macht den Kunden Spaß, weil sie jetzt beim rückwärts Ausparken nicht mehr gegen ihre vergessenen Einkaufskarren knallen. Und die Öffnungszeiten rund um die Uhr, die eh keiner braucht, hat Aldi auch gleich abgeschafft. Um 7 Uhr abends und on Sundays sowieso ist Aldi closed.

Warum sollen auch die Kunden in den USA, in Belgien, in Dänemark, Frankreich, Luxemburg, in den Niederlanden, in Großbritannien, Irland und in Australien anders behandelt werden als in Germany? Aldi-Land ist gleich, allüberall. No frills und dafür High Quality zum Low Price. Was braucht der Tourist mehr?

# Fisch

Feuer ist das Element, in dem sich Fisch am besten entfalten kann. Zumindest geschmacklich. Nichts schmeckt so herrlich nach Sonne und Urlaub wie ein paar frisch gegrillte Sardinen oder Makrelen mit Zitronensaft und frischen Kräutern. Selbst altvertrauter Lachs, der ja inzwischen auch die seichteren Gewässer alltäglicher Hausmannskost durchstreift, wird durch das rauchige Aroma eines Feuers zur unerwarteten Delikatesse.

Viele Grillfans wagen sich nicht an Fisch, weil sie glauben, dass er beim Grillen zerfällt oder am Rost kleben bleibt. Diese Angst ist unberechtigt. Mit ein bisschen Übung gelingt jedes Fisch-BBQ.

## Thunfischspieße mit Artischockenherzen

2 etwa 2,5 cm dicke Thunfischsteaks à 250 g

12 in Öl eingelegte Artischockenherzen

1 Zitrone

Lorbeerblätter

50 ml Olivenöl oder das Öl, in dem die Artischocken eingelegt sind

nach Geschmack ein wenig frischer Ingwer, gerieben

Salz, Pfeffer

Den Thunfisch in etwa 2,5 cm dicke Würfel schneiden, salzen und pfeffern und nach Geschmack mit Ingwer mischen. Die Artischockenherzen halbieren und abwechselnd mit den Thunfischwürfeln auf Holzspieße stecken. Legen Sie ab und zu ein Lorbeerblatt dazwischen. Die Zitrone in 8 Spalten schneiden und jeweils eine Spalte an das Ende von jedem Spieß stecken. Die Thunfischspieße mit Olivenöl bestreichen, kurz von beiden Seiten grillen, so dass der Fisch außen knusprig, innen aber noch saftig ist, und vor dem Servieren noch einmal mit etwas Olivenöl beträufeln.

→ Tipp:

→ Spießen Sie den Fisch quer zur Faser auf, sonst fällt er ihnen mit Sicherheit in die Glut.

## Gegrillte Forelle

4 mittelgroße Forellen
100 g Schinkenwürfel
1 Bd Schnittlauch, fein gehackt
1 Bd Kerbel oder Petersilie, fein gehackt
100 g Butter
1 EL Olivenöl
Salz, Pfeffer

Die Schinkenwürfel in der Pfanne auslassen, zum Abtropfen auf Küchenkrepp legen und mit den Kräutern und der Butter verkneten. Die Forellen ausnehmen, mit Zitronensaft innen und außen abreiben, salzen, pfeffern, die Bauchhöhlen mit der Schinken-Kräuter-Butter ausstreichen und mit Zahnstochern gut verschließen. Die Forellen mit Olivenöl bestreichen und 8 Minuten grillen. Dabei einmal wenden.

## Marinierte Makrelen

4 mittelgroße, küchenfertige Makrelen ( je ca. 300 g)
150 ml trockener Rotwein
1 TL Zucker
2 EL scharfer Senf
1 EL frischer Rosmarin
1 EL frischer Thymian
4 Lorbeerblätter
1 EL Olivenöl
Salz, Pfeffer

Wein, Zucker, Senf, Pfeffer und Salz mit der Hälfte der Kräuter zu einer Marinade verrühren. In jede Makrele ein Lorbeerblatt legen. Dann die Fische in eine große, flache Schale legen, mit der Marinade begießen und etwa 10 Minuten ziehen lassen. Die Fische herausnehmen, mit dem Öl bestreichen und von jeder Seite 5-8 Minuten grillen. Kurz vor Ende der Grillzeit die übrigen Kräuter in die Glut streuen.

Mit Ciabattabrot und frischem Salat servieren.

## Gegrillter Lachs

500 g Wildlachs
125 g Butter
1 Apfelsine
1 Zweig Rosmarin
Saft einer halben Zitrone
Salz, Pfeffer

Wer ihn nicht selber in Kanada oder Schottland angelt, nimmt Wildlachs von Aldi. Der ist tiefgefroren und muss erstmal im Kühlschrank auftauen. Danach abwaschen, trockentupfen, innen und außen salzen und pfeffern.

Das obere und untere Ende der Apfelsine bis zum Fruchtfleisch abschneiden. Die Frucht aufsetzen und mit einem kleinen, spitzen und scharfen Messer die Schale bis aufs Fruchtfleisch abschnitzen, bis sie mitsamt der äußeren Haut entfernt ist. Die Apfelsine in runde Scheiben schneiden. Den ausgetretenen Apfelsinensaft mit dem Zitronensaft mischen und damit

den Lachs innen und außen einreiben. Den Fisch mit Salz und Pfeffer würzen. Die Rosmarinnadeln abstreifen und hacken. Einen Teil der kalten Butter in dünne Scheiben schneiden und zusammen mit den Apfelsinenscheiben und Rosmarinnadeln in den Bauchraum des Lachses geben. Auf die Außenseiten des Fisches jeweils eine Scheibe Butter legen. Alles sorgfältig in Alufolie einpacken und im Kühlschrank 2-4 Stunden ziehen lassen. Danach ca. 15 Minuten auf den heißen Grill legen. Nach den ersten zehn Minuten einmal wenden. Zum Servieren die Alufolie entfernen und den Fisch auf einer flachen Schale anrichten.

## Gegrillte Dorade mit Kräuterfarce

4 kleine Doraden, ausgenommen
2 Zitronenhälften
1 Bd glatte Petersilie
1 Zweig Rosmarin
2 Knoblauchzehen
100 g Butter
2 EL Olivenöl
Salz, Pfeffer

Die Doraden mit einem Messer oder einem Schuppenentferner abschuppen, unter kaltem Wasser innen und außen waschen, mit den Zitronenhälften und dem Saft innen und außen einreiben und mit Salz und Pfeffer würzen. Das Fischfleisch mehrmals quer bis zu den Gräten einschneiden. Die Rosmarinnadeln abstreifen und zusammen mit der Petersilie, der Butter, dem Olivenöl, den Knoblauchzehen, Salz und Pfeffer im Mixer zu einer Kräuterfarce pürieren und eine Stunde im Kühlschrank ruhen lassen, damit sie fest wird. Die Farce in die Einschnitte reiben, den Rest in die Bauchhöhle legen und die Fische in Alufolie einschlagen. Je nach Größe werden die Fische ca. 10 - 15 Minuten gegrillt, dabei einmal gewendet.

# Vegetarisches Grillen

Fast jedes Gemüse kann gegrillt werden. Wie beim Fleisch, so gibt es auch hier viele verschiedene Möglichkeiten: Sie können es aufspießen oder in Grillschalen, neuerdings sogar in speziellen Grill-Woks, über dem offenen Feuer grillen oder aber eingepackt in Alufolie langsam in der Asche garen lassen. Der rauchig-sanfte Geschmack von gegrilltem Gemüse kann selbst eingefleischte Anti-Vegetarier bekehren.

Selbst Kinder, die sonst bei allem, was grün und gesund ist, schreiend davonlaufen, lieben gegrilltes Gemüse. Wenn man es mit der richtigen Soße serviert, fällt nicht einmal den rabiatesten unter den minderjährigen Grünzeugverächtern auf, dass kein Fleisch auf dem Teller liegt.

Wichtig beim Gemüsegrillen ist das richtige Timing. Will man alles zusammen servieren, sollte man die unterschiedlichen Garzeiten beachten und jene Gemüse zuerst auf den Grill legen, die am längsten brauchen. Eine andere Möglichkeit ist, die »langsamsten« Gemüse wie Paprika, Zucchini, Kartoffeln oder Zwiebeln kurz vorzukochen. Pilze, Tomaten oder Lauchzwiebeln brauchen dagegen nur kurze Zeit, um gar zu werden, und kommen daher erst zuletzt auf den Grill oder in die Asche.

Der einfachste Weg, Gemüse zu grillen: mit Öl einpinseln, mit zerdrücktem Knoblauch oder Kräutern einreiben und danach neben das Fleisch auf den Rost legen.

Zucchini und Auberginen immer längs in 1 cm dicke Scheiben schneiden.

## Käse in Weinblättern

Für dieses Gericht empfehlen wir, einen Käse zu nehmen, der leicht schmilzt. Geeignet sind beispielsweise Mozarella, Gouda oder Emmentaler. Schafskäse schmeckt zwar sehr gut, aber er schmilzt nicht, sondern krümelt. Wem das nichts ausmacht, der kann es auch mit Schafskäse versuchen.

4 Scheiben Käse (etwa 1 cm dick, 5 cm lang, 3 cm breit)
Weinblätter (gibts im türkischen Gemüseladen)
4 Scheiben Weißbrot

Jede Käsescheibe einzeln in 3 Lagen Weinblätter einwickeln. Die fertigen Päckchen über schwachem Feuer erhitzen, bis der Käse geschmolzen ist und das herbe Aroma der Weinblätter angenommen hat, ca. 5 Minuten auf jeder Seite. Das äußere, vertrocknete Weinblatt entfernen und das Käsepäckchen auf geröstetem Weißbrot servieren.

## Käsekartoffeln

1 kg Kartoffeln, in 0,5 cm dicke Scheiben geschnitten
300 g Käse (möglichst Mozarella oder Emmentaler), in Würfel geschnitten
300 g Lauch, in dünne Scheiben geschnitten
100 g Butter, in kleine Stücke geschnitten
4 EL Öl
Salz, Pfeffer

Lauch in etwas Butter 2-3 Minuten anschwitzen und beiseite stellen. 4 große, doppelt gelegte Blatt Alufolie mit Öl bestreichen. Kartoffelscheiben gleichmäßig darauf verteilen und mit Salz und Pfeffer würzen. Lauch und Käsewürfel über die Kartoffelscheiben geben. Darüber wieder eine Lage Kartoffeln legen. Mit Butterstücken belegen. Die Alufolie zu Paketen zusammenfalten und die Kanten gut verschließen. Über Holzkohlenglut ca. 50 Minuten garen. Während des Garens die Pakete mehrmals vorsichtig wenden.

## Gegrillte Austernpilze in Sesamkruste

500 g Austernpilze oder mittelgroße Champignons, halbiert

1/2 mittelgroße grüne Paprika, entkernt

1/2 mittelgroße rote Paprika, entkernt

2 Knoblauchzehen, durchgepresst

3 Lauchzwiebeln, fein gehackt

3 EL Sojasoße

1 EL Sesamöl

1 EL Zucker

1 EL Zitronensaft

2 EL Sesamkörner

Salz, Pfeffer

Die Sesamkörner kurz in der Pfanne rösten (ohne Öl), dabei ständig rühren, damit sie nicht anbrennen. Die Enden der Pilzstiele abschneiden, die Paprikahälften schräg in feine Streifen schneiden. Knoblauch, Lauchzwiebeln, Sojasoße, Sesamöl, Zitronensaft, Zucker, Sesamkörner, Salz und viel Pfeffer so lange verrühren, bis sich der Zucker aufgelöst hat. Paprikastreifen und Pilze etwa 30 Minuten in der Mischung marinieren, herausnehmen und in einer Grillschale etwa 5-8 Minuten grillen, bis sie appetitlich goldbraun und gar sind.

➡ **1. Tipp:**

➡ Dieses Gericht kann man heiß, aber genauso gut auch zimmerwarm servieren. Es eignet sich daher auch hervorragend für ein Picknick.

➡ **2. Tipp:**

➡ Aus dem asiatisch angehauchten Gericht wird sofort eine italienische Köstlichkeit, wenn Sie statt der Sojasoße und des Sesamöls Olivenöl nehmen, statt der Sesamkörner eine Hand voll Thymian oder Oregano. Noch italienischer wird diese Variante, wenn Sie zu den Paprikas und Pilzen eine entkernte, enthäutete und in Würfel geschnittene Tomate geben.

## Gegrillte Zwiebel mit Kräutern

4 große Zwiebeln, über Kreuz tief eingeschnitten,
    so dass sie nur noch knapp über dem Wurzelansatz
    zusammenhängen
100 g weiche Butter
2 EL Persilie, fein gehackt
1/2 EL getrocknete Estragonblätter, fein gehackt
Salz, Pfeffer

Die Butter mit den Kräutern und mit Salz und Pfeffer vermengen. Die Kräuterbutter zu gleichen Teilen in die Mitte jeder aufgeschnittenen Zwiebel drücken. Die Zwiebeln danach in Alufolie einpacken und über Holzkohlenglut 20 bis 30 Minuten garen, bis sie weich sind.

## Marinierte Champignons
500 g kleine Champignons

Für die Marinade:
3 EL Weißweinessig
100 ml Olivenöl
1 EL fein gehackte Petersilie
1/4 TL Zucker
1 EL frisch gepresster Zitronensaft
1 Knoblauchzehe, fein gehackt
Salz, Pfeffer

Die Zutaten für die Marinade in einem Gefrierbeutel gut vermischen. Die Champignons hineinlegen und für 24 Stunden in den Kühlschrank stellen. Anschließend die Marinade abgießen, die Champignons auf Spieße stecken und unter häufigem Wenden etwa 5 Minuten grillen, bis sie goldbraun sind. Zwischendurch mit etwas Marinade bestreichen.

## Italienische Pilzspießchen

Für dieses Gericht möglichst gemischte Pilze verwenden. Wenn sie nicht erhältlich sind, können auch ausschließlich Champignons genommen werden.

**750 g Pilze, in dicke Scheiben geschnitten**
**40 g Butter**
**8 kleine runde Cocktail-Tomaten, entkernt und halbiert**
**1/2 TL getrocknetes Basilikum oder ein Zweig frisches Basilikum, klein gezupft**
**2 Zwiebeln, geviertelt**
**1 rote Paprikaschote, entkernt, in ca. 2x2 cm große Quadrate geschnitten**
**2 EL Olivenöl**
**2 EL frische Petersilie, fein gehackt**
**Salz, Pfeffer**

Die Butter erhitzen und die Pilze darin 5 bis 8 Minuten sautieren, bis sie alle Flüssigkeit abgegeben haben. Die Tomatenstücke mit dem Basilikum bestreuen.

Die Pilze aus der Butter nehmen, abtropfen lassen, dann mit den Tomaten, Zwiebeln, und Paprika auf 4 Spieße stecken. Mit Salz und Pfeffer würzen. Mit Öl bestreichen. Bei niedriger Temperatur etwa 10 Minuten grillen. Mit der gehackten Petersilie bestreuen und heiß servieren.

## Choka

Chokas sind über dem Feuer gebratene, gehackte Gemüse, die auf Holzkohlefeuern überall in Trinidad zubereitet werden. Zu einem klassischen Choka gehören vor allem Auberginen, aber auch Tomaten, Kartoffeln oder sogar Kürbis.
Am besten schmeckt das Gericht mit Fladenbrot, Ciabatta, Knoblauchbaguette oder mit Pita.

**2 kleine Auberginen**
**6 Knoblauchzehen, abgezogen und längs in dünne**

Scheiben geschnitten

2 mittelgroße Tomaten

1 grüne Paprika

1 große Zwiebel, gehäutet und geviertelt (Wurzelenden
   nicht abschneiden)

1 EL Sonnenblumenöl

Salz, schwarzer Peffer

Für die Würzmischung:

2 EL Pflanzenöl

2 TL Senfkörner

1 Zwiebel, fein gehackt

2 Knoblauchzehen, durchgepresst

1 EL Ingwer, geschält und fein gehackt

1/2–1 Chilischote, entkernt und fein gehackt

2 EL Zitronensaft, frisch gepresst

3 EL Koriandergrün, gehackt

Jede Aubergine rundum gleichmäßig 6mal längs einschneiden. In jeden Einschnitt mehrere Knoblauchscheiben legen. Auberginen zusammen mit dem anderen Gemüse mit Öl bestreichen, salzen, pfeffern, auf den heißen Rost legen und unter häufigem Wenden grillen, bis die Haut gut gebräunt ist. Auberginen und Zwiebeln brauchen ca. 20 Minuten, Tomaten und Paprika ca. 10-12 Minuten. Das Gemüse auf einen Teller geben und leicht abkühlen lassen.

Die verbrannte Haut weitgehend abziehen, Auberginen und Tomaten in Würfel schneiden. Stiel und Kerne der Paprika entfernen, dann fein würfeln. Die Zwiebeln in dünne Scheiben schneiden. Alle Gemüse in einer Schüssel gut vermischen, salzen und pfeffern.

Unmittelbar vor dem Servieren die Würzmischung zubereiten: Das Öl bei mittlerer Flamme erhitzen, Senfkörner, Zwiebeln, Knoblauch, Ingwer und Chili zugeben und 5 Minuten sautieren, bis die Gewürze goldbraun sind und duften. Zitronensaft zufügen und aufkochen. Die heiße Würzmischung über das Gemüse gießen und unterheben. Mit dem Koriandergrün bestreuen und warm servieren.

# Gegrilltes Brot

In der Steinzeit haben unsere Ahnen Getreidebrei auf heißen Steinen gebacken. So ähnlich machen es heute noch viele Völker in Afrika, in Mittelamerika und im nahen und fernen Orient. Am einfachsten geht das Grillen von Brot, wenn man die glühenden Kohlen als Toaster für vorgebackenes Brot verwendet. Aber man kann auch rohen Teig über offenem Feuer garen. Besonders Kinder lieben diese Art des Backens.

## Stockbrot

Stockbrot ist ideal für Kindergeburtstage. Denn erstens haben Kinder einen Heidenspaß bei der Herstellung (und sind damit länger beschäftigt als mit einer durchschnittlichen Runde Topfschlagen), und zweitens schmeckt frisches Stockbrot supergut.

Für 12 Portionen
1 kg Weizenmehl
3 Pck Trockenhefe
1 TL Zucker
2–3 TL Salz nach Geschmack
1/2 TL Pfeffer
1 TL Kräuter der Provence
1/2 l lauwarmes Wasser

Mehl in eine Rührschüssel geben, mit der Trockenhefe gut vermischen. Die restlichen Zutaten hinzufügen, alles zu einem glatten Teig verarbeiten und ihn zugedeckt so lange an einem warmen Ort gehen lassen, bis er sichtbar aufgegangen ist. Unterdessen die Kinder losschicken und 12 lange, feste, etwa fingerdicke Stöcke sammeln lassen. Die Stöcke mit Alufolie umwickeln, aus dem Teig 12 lange Rollen formen und diese in engen Spiralen um die Stöcke wickeln. Das Stockbrot am Stockende dicht über die heiße Glut oder das offene Feuer halten und etwa 10-15 Minuten backen.

➡ **1. Tipp:**

➡ Besonders gut schmeckt Stockbrot, wenn Sie eine Tasse Zucchiniraspeln, etwas Fetakäse mit Oregano oder geröstete Zwiebeln und Speck unter den aufgegangenen Hefeteig kneten. Auch kleingeschnittene Oliven sind gut. Vorher jedoch immer die Kinder um Erlaubnis fragen!

➡ **2. Tipp:**

➡ Wer sich die Herstellung etwas erleichtern will, kann auch eine fertige Aldi-Brotmischung verwenden.

## Bruschetta

4 große Tomaten
4 Knoblauchzehen, fein gehackt
8 Scheiben Ciabattabrot
4 EL Olivenöl
Basilikumblätter, in feine Streifen geschnitten
Salz, Pfeffer

Die Tomaten einritzen, enthäuten, entkernen und in kleine Würfel schneiden. Die Knoblauchzehen mit den Tomatenwürfeln mischen. Alles mit Salz und Pfeffer abschmecken.

Das Ciabattabrot auf dem Grill von beiden Seiten goldbraun rösten, mit dem Olivenöl beträufeln und die Tomatenmischung daraufgeben. Nach Wunsch mit Basilikumblättern würzen und sofort servieren.

# Brot-Käse-Spieße

1 Ciabattabrot
4 Pakete Mozarella-Käse
Oregano nach Geschmack
100 ml Olivenöl
100 g Butter
4 Sardellenfilets, fein gehackt
Salz

Den Mozarella abtropfen lassen, in Scheiben schneiden, salzen und mit Oregano würzen. Das Brot längs aufschneiden. Die beiden Hälften in Stücke von der Größe der Mozarella-Scheiben schneiden.

Auf einen langen Spieß abwechselnd Brot und Mozarella stecken und grillen, bis Käse und Brot leicht braun werden. Ab und zu mit Olivenöl bepinseln.

In einer kleinen Pfanne Butter und Sardellen langsam erhitzen, bis sich die Sardellen auflösen. Umrühren und die Soße über die fertig gegrillten Spieße gießen.

# Gefülltes Brot

1 Ciabattabrot
2 kleine Tomaten
1 Pkg Mozarella
75 g luftgetrockneter Schinken
1 Knoblauchzehe, durchgepresst
2 EL Olivenöl und etwas Öl zum Einfetten der Alufolie
Blätter von 1/2 Bd Basilikum
Salz, schwarzer Pfeffer

Das Brot in 1 1/2 cm breiten Abständen tief einschneiden. Tomaten und Mozarella in Scheiben schneiden, salzen und pfeffern. Die Tomatenscheiben abwechselnd mit dem Schinken, den Basilikumblättern und dem Mozarella in die Einschnitte stecken. Knoblauch mit dem Öl verrühren. Das Brot auf ein großes Stück eingeölte Alufolie legen, mit dem Öl bestreichen und die Folie verschließen. Ein paar Löcher in die Alufolie stechen und von beiden Seiten etwa 4 Minuten grillen.

## Heiße Sache: Desserts

Nur weil der Hauptgang gegessen ist, muss man das Feuer noch lange nicht ausgehen lassen. Desserts vom Rost runden jede Grillparty ab. In diesem Kapitel finden Sie Rezepte für gegrillte Ananas, gegrillte Bananen und ein süßes Tierchen.

## Obst am Spieß

**1 Banane**
**1 Apfelsine**
**1/2 Papaya, entkernt, geschält**
**2 Ananasringe**
**4 EL Rum**
**200 g Zucker**
**6 Scheiben Toastbrot**
**100 g zerlassene Butter**

Rum und 3 EL Zucker verrühren. Die Papaya in 2x2 cm große Würfel, die Ananasringe in jeweils 4 Stücke und die Apfelsine in 8 Spalten schneiden. Das Obst in der Rumlösung marinieren.

Die Toastbrotscheiben vierteln, mit Butter bestreichen und im restlichen Zucker wenden.

Alle Zutaten so aufspießen, dass sich Brotstücke und Obststücke abwechseln. Die Spieße über der Glut etwa 10 Minuten grillen, bis die Oberflächen karamelisiert sind. Während der letzten Minuten mit Zucker bestreuen. Sofort servieren.

## Gegrillter Bananensplit mit Schokosoße

**4 reife Bananen**
**180 geschmolzene Butter**
**160 g Zucker**
**evtl. 1 Pkg Vanilleeis**
**1 Pkg Schokopuddingpulver**
**Zutaten für den Schokopudding lt. Kochanweisung**
**(Milch, evtl. Zucker)**

Für die Schokosoße den Schokopudding nach Anweisung, jedoch mit der doppelten Menge Milch zubereiten und kalt stellen. Die Bananen schälen und längs halbieren. Zuerst in Butter, dann in Zucker tauchen und auf den heißen, gut geölten Rost legen. Etwa 6-8 Minuten goldbraun rösten und dabei mit einer Grillzange wenden.

Die Bananen zum Servieren auf flachen Tellern anrichten und mit der Schokosoße begießen. Sollen die Bananen mit Eis serviert werden, zuerst Eiskugeln auf die Teller setzen, dazwischen die Bananen legen und alles mit Soße übergießen.

➡ **Tipp:**
➡ Asiatisches Flair erhalten die Bananen, wenn Sie die Butter durch Kokosmilch ersetzen.

## Gegrillte Bratäpfel

Dieses Rezept gelingt nur, wenn Sie einen Grill mit Deckel haben, z. B. einen sog. Webergrill.

**Für 4– 8 Personen**
**8 süße, feste Äpfel**
**60 g Zucker**
**4 EL Butter**

50 g Rosinen
50 g klein gehackte Haselnüsse oder Mandeln
1/2 TL Zimt
1 Päckchen Vanillezucker

Das Kerngehäuse der Äpfel ausstechen. Dabei aber nicht ganz durchstechen, so dass ein Boden bleibt und die Füllung nicht herausläuft. Butter, Zucker, Vanillezucker, Korinthen, Nüsse bzw. Mandeln und Zimt gut vermischen und die Äpfel mit der Mischung füllen. Die Äpfel in eine Grillpfanne stellen und diese in die Mitte des Grillrosts, außerhalb des Bereichs mit der größten Hitze. Den Grill schließen und die Äpfel 40-60 Minuten weich garen, ab und zu kontrollieren. Sollten die Äpfel zu braun werden, decken Sie sie mit Alufolie zu.

## Karamelisierte Ananasscheiben

1 Dose Ananasscheiben
125 g geschmolzene Butter
250 g Zucker
1 TL Zimt

Die Ananasscheiben in der geschmolzenen Butter wenden. Zucker und Zimt vermischen, die gebutterten Ananasscheiben damit »panieren« , auf den heißen Grill legen und von jeder Seite etwa 5-8 Minuten rösten, bis die Scheiben appetitlich braun sind.

➡ **Tipp:**

➡ Natürlich können Sie auch eine frische Ananas grillen. Die Frucht sollte dann aber unbedingt reif sein. Machen Sie den Test: Die Frucht sollte süß riechen und möglichst goldgelb sein. Drücken Sie vorsichtig auf die Schale. Wenn sie leicht nachgibt, ist die Ananas reif.

## Gegrillter Mäusespeck

Wir geben es ja zu: gesund ist dieser Nachtisch nicht. Aber nach haufenweise gegrillten Vitaminen dürfen brave Kinder auch mal nach Herzenslust naschen. Eltern sollten jetzt beide Augen zudrücken und die Kinder in Ruhe das Dessert vorbereiten lassen – oder ganz lieb fragen: »Darf ich mal probieren?«.

**Für 4 gefräßige oder 8 bescheidene Kinder:**
8 Mäuse (Mäusespeck) oder große Marshmallows
8 Täfelchen Schokolade
16 Kekse (z.B. Butterkekse)

Den Mäusespeck auf Spieße ziehen. Warten, bis die Kohlen nach dem Hauptgang fast erloschen sind. Den Rost abheben (Vorsicht: Handschuhe oder Zange benutzen!), mit einem Stöckchen oder einer kleinen Schaufel die Kohlen zu einem kleinen Haufen zusammenkehren und den Mäusespeck unter stetigem Drehen 3-6 Minuten über der Glut rösten, bis er schmilzt und von allen Seiten gut gebräunt ist. Jetzt kommt auf acht der Kekse jeweils ein Stück Schokolade. Darauf ein gegrilltes Mäuschen vom Spieß legen und das Ganze mit einem zweiten Keks bedecken. Kurz warten, bis die Schokolade zerläuft: Hmmmmh!

# Picknick

Picknicks erinnern an mittelalterliche Festmahle. Süßes und Herzhaftes, Saures und Salziges, Fleisch, Salat und Aufstrich: Alles kommt gleichzeitig auf den Tisch oder auf die Picknickdecke. Und jeder isst, worauf er gerade Appetit hat. Die einen gehen dabei nach der klassischen Reihenfolge vor: Erst kleine Häppchen, Dips und Salat, dann Fleisch und zu guter Letzt Käse und Süßes. Die anderen essen kreuz und quer oder nur von einer oder zwei Speisen.

Dennoch sollten Sie nicht einfach wahllos auftischen, sondern darauf achten, dass alles zusammenpasst. Überlegen Sie sich, ob Sie ein eher deftiges oder ein elegantes Picknick veranstalten möchten, ein mediterranes oder urdeutsches. Erwarten Sie die Schulklasse Ihres Kindes oder haben Sie ein romantisches Candle-Light-Picknick unter sommerlichem Sternenhimmel geplant? Findet Ihr Picknick im eigenen Garten oder weit entfernt von Ihrer Küche, von Wasseranschlüssen und elektrischem Strom statt? Transportieren Sie Ihr Picknick im Kofferraum, in der Fahrradtasche oder im Rucksack? Von all diesen Voraussetzungen hängt ab, wie Ihr Picknick aussieht.

Weil Picknick und Grillen so eng verschwistert sind, lohnt sich beim Vorbereiten auch der Blick ins Grill-Kapitel. Viele der Grill-Soßen sind beim Picknick ideale Begleiter zu kaltem Fleisch, Brot und Gemüse.

Häufig schmecken gegrilltes Fleisch und Gemüse auch kalt: Zum Beispiel die Spare Ribs oder Hähnchenflügel, die Pilzspieße oder Choka.

Umgekehrt gilt natürlich das gleiche. So schmecken die Salate nicht nur zu Sandwiches, sondern auch zu gegrilltem Fleisch oder Fisch.

Noch ein paar andere Dinge, die Sie bei der Planung eines Picknicks beachten sollten: haben Sie genügend Möglichkeiten, vor Ort Speisen und Getränke zu kühlen? Sind ausreichend Teller und Besteck für alle Gäste vorhanden? Und nicht zu vergessen: haben Sie genug Müllsäcke eingesteckt, um die Überreste des Picknicks wieder mitzunehmen?

## Suppen

Wir lieben kalte Suppen. Sie sind erfrischend und schmecken wie kaum ein anderes Gericht nach Sommer. Deshalb nehmen wir sie auch zum Picknick gerne mit, auch wenn der Transport immer etwas unpraktisch ist.

## Kalte Tomatensuppe

1 kg Tomaten, klein gehackt

0,2 l Gemüsebrühe

1 EL Tomatenmark

1 EL Honig

1 Zucchini, längs halbiert

1 Paprika, entkernt und geviertelt

2 Knoblauchzehen, durchgepresst

1 EL Olivenöl

1 EL Zitronensaft

50 g Schafskäse (Feta)

1 Zweig Dill

Salz, Pfeffer

Die Tomaten und das Tomatenmark in der Gemüsebrühe kochen, mit dem Honig würzen, mit Salz und Pfeffer abschmecken, durch ein feines Sieb passieren und abkühlen lassen. Wenn die Suppe kalt ist, evtl. noch einmal nachwürzen. Die Paprika, Zucchini und die durchgepressten Knoblauchzehen mit Olivenöl bepinseln und in einer feuerfesten Form im vorgewärmten Ofen bei 250 Grad 10 Minuten backen. Mit Salz und Zitronensaft würzen, abkühlen lassen und das Gemüse in feine Streifen schneiden. Den Schafskäse durch ein Sieb streichen. Zum Servieren das Gemüse in die Suppe geben, die Suppe mit etwas abgezupftem Dill verzieren, den Käse in einer kleinen, separaten Schüssel reichen.

## Kalte Gurkensuppe

2 Salatgurken, geschält, entkernt und in grobe Stücke geschnitten
2 Knoblauchzehen, durchgepresst
300 g Joghurt
150 g Sahne
geriebene Schale einer 1/2 unbehandelten Zitrone
1 Bd Dill, gehackt
1 Prise Zucker
Salz, Pfeffer
100 g Krabben, geschält

Gurken, Knoblauch, Joghurt, Sahne, geriebene Zitronenschale, Zucker, Salz und Pfeffer pürieren. Gehackten Dill unterrühren, evtl. noch einmal mit Zitronensaft und Pfeffer abschmecken, die Krabben über die Suppe streuen und servieren.

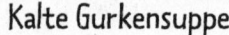

# Salate

Salate spielen beim Picknick eine Hauptrolle. Ein Problem ist jedoch ihre kurze Haltbarkeit. Vor allem reine Blattsalate vermatschten und verschrumpeln im Zeitraffertempo. Nehmen sie Blattsalat deshalb immer geputzt und trockengeschleudert mit. Transportieren Sie die Soße in einem Extra-Behälter und gießen Sie sie erst vor dem Servieren über den Salat.

Wir haben hier auf Blattsalate verzichtet und statt dessen robustere Gerichte gewählt.

## Kartoffel-Thunfisch-Salat

**600 g festkochende Kartoffeln**
**3 Dosen Thunfisch in Wasser (weil der Thunfisch in Wasser besser schmeckt als in Öl)**
**20 schwarze oder grüne Oliven, entkernt und in Scheiben geschnitten**

**5 EL Olivenöl**
**4 EL Weißwein**
**2 EL Weißweinessig**
**1 kleiner Bd Basilikum**
**Salz, Pfeffer**

Die Kartoffeln in Salzwasser gar kochen, abgießen, pellen (wenn Sie möchten) und in dicke Scheiben schneiden. Olivenöl, Weißwein, Weißweinessig, Flüssigkeit vom Thunfisch, Salz und Pfeffer cremig rühren. Mit den Kartoffelscheiben mischen. Den in kleinere Stücke zerteilten Thunfisch und die Oliven darunterheben. Die Basilikumblätter abzupfen, über den Salat streuen und zimmerwarm servieren.

➡ **Tipp:**
➡ Variieren Sie diesen Salat. Ersetzen Sie zum Beispiel den Thunfisch durch geräucherte Forellenfilets, den Weißwein durch 3 EL Zitronensaft, den Weißweinessig durch 1 TL mittelscharfen Senf und das Basilikum durch Dill.

## Spanischer Salat aus Grillgemüse (Escalivada)

Escalivada ist ein katalanischer Salat mit gegrilltem Gemüse. Das Grundrezept enthält Zwiebeln, rote Paprika und Auberginen. Man kann es jedoch beliebig erweitern um Lauch, Lauchzwiebeln, Zucchini, Sellerie und Tomaten.

1 große Zwiebel

1 große oder 2 kleine Auberginen

1 große oder 2 kleine Zucchini

1 Bd junger Lauch

1 Bd Lauchzwiebeln

2 rote Paprika

4 Selleriestangen

3 EL Olivenöl

Salz, schwarzer Pfeffer

Für die Vinaigrette:

2 EL Sherry- oder Rotweinessig

2 kleine Zwiebeln, sehr fein gewürfelt

1 Knoblauchzehe, durchgepresst

80 ml Olivenöl

3 EL glatte, fein gehackte Petersilie

Zitronenspalten zum Servieren

Salz, schwarzer Pfeffer

Zwiebel häuten, in Sechstel oder Achtel schneiden. Aubergine und Zucchini längs durchschneiden. Lauch putzen, längs halbieren. Lauchzwiebeln putzen. Alle Gemüse mit Olivenöl bepinseln, salzen, pfeffern, auf den heißen Grill legen und ca. 12 Minuten grillen und dabei häufig wenden. Wenn alles goldbraun ist, zum Abkühlen auf eine Platte legen. Sobald sich das Gemüse anfassen lässt, die Zwiebelstücke quer durchschneiden, Auberginen- und Zucchinihälften in 1/2 cm dicke Stücke schneiden, Paprika von schwarz gewordener Haut, Kernen und Stiel befreien und in Streifen schneiden, Lauch, Lauchzwiebeln und Sellerie quer in dünne Scheiben schneiden. Alle Gemüsesorten separat auf Tellern oder auf einer Platte anrichten. Die Vinaigrettezutaten gut mischen, über das Gemüse geben und mit Zitronenspalten servieren.

➡ Tipp:
➡ Wenn die äußere Haut stellenweise verbrennt, ist dies kein Grund zur Panik. Im Gegenteil: die verbrannten Stellen verleihen dem Salat zusätzlichen Geschmack.
Das Gericht schmeckt besonders gut zu frisch geröstetem Knoblauch- oder Ciabattabrot.

## Bohnen-Mango-Salat

150 g getrocknete schwarze Bohnen
1 Dose (ca. 300 g) rote Bohnen
1 Mango
1 Salatgurke
1 Kopf Lollo Rosso, geputzt
1 Stück Ingwer, geschält und gerieben
2 Chilischoten, fein gehackt
Saft von 2 Zitronen
6 EL Erdnuss- oder Pflanzenöl
2 EL Ahornsirup, ersatzweise Honig
Salz, Pfeffer

Die schwarzen Bohnen über Nacht in Wasser einweichen, danach in 1/2 l Salzwasser 30 Minuten garen und abgießen. Die roten Bohnen abtropfen lassen. Mango schälen, entkernen und in Stücke schneiden, Gurke schälen und in Stücke schneiden. Alles mit dem Lollo Rosso mischen. Aus Zitronensaft, Ahornsirup, Öl, Chilis und Ingwer, Salz und Pfeffer eine Salatsoße mischen und über den Salat geben.

➡ Tipp:
➡ Schwarze Bohnen sind manchmal schwierig zu finden. Sie können sie durch rote Bohnen ersetzen.

## Salat aus Bohnen, Champignons und Tomaten

500 g frische grüne Stangenbohnen
3 reife Tomaten, enthäutet , entkernt und in dünne
  Spalten geschnitten
250 g Champignons, blättrig geschnitten

Für die Estragon-Vinaigrette:
2 TL getrockneter Estragon, zerrieben
1 TL mittelscharfer Senf
2 EL Zitronensaft
4 Knoblauchzehen, klein gehackt
3 Lauchzwiebeln, klein gehackt
80 ml Balsamico-Essig
360 ml Pflanzenöl oder Olivenöl
Salz, Pfeffer

Die Zutaten für die Vinaigrette gut mischen und beiseite stellen. Die Bohnen in Salzwasser etwa 10 Minuten bei mittlerer Hitze bissfest kochen, abtropfen lassen und mit kaltem Wasser abschrecken. Vorsichtig mit den Champignons und Tomaten mischen, mit der Vinaigrette begießen und noch einmal umrühren.

## Orientalischer Salat

2 große Fleischtomaten
1 Salatgurke
1 Zwiebel
1 Bd glatte Petersilie, klein geschnitten
100 g Bulgur (=Weizenschrot: gibts in türk. und arab.
  Geschäften)
2 EL Zitronensaft
3 EL Olivenöl
1 EL Minzeblätter, klein gehackt
Salz, schwarzer Pfeffer

Tomaten und Gurke halbieren, entkernen und in kleine Würfel schneiden. Zwiebel klein hacken, mit der Petersilie, den Minzeblättern, dem Zitronensaft und dem Olivenöl dazugeben. Den Bulgur mit heißem

Wasser bedecken, 10 Minuten quellen lassen und zu den übrigen Salatzutaten geben. Salzen, pfeffern und gut durchmischen.

## Caponata

Caponata ist eigentlich kein Salat, sondern kaltes Gemüse. Ihr unvergleichlicher Geschmack entsteht dadurch, dass alle Zutaten einzeln angebraten werden.

2 Auberginen, der Länge nach geviertelt und in 1 cm
dicke Stücke geschnitten
1 Zwiebel, in dünne Streifen geschnitten
3 Zucchini, der Länge nach halbiert und in 1 cm dicke
Stücke geschnitten
4 Stangen Staudensellerie, in 1 cm dicke Stücke
geschnitten
3 Fleischtomaten, enthäutet, entkernt und klein
gewürfelt
200 ml passierte Tomaten
2 EL Kapern

200 g grüne Oliven, entsteint
4 EL Weinessig
1 EL Zucker
ca. 200ml Olivenöl
1 Bd frisches Basilikum
evtl. eine kleine Handvoll Pinienkerne
Salz, Pfeffer

Zucchini und Auberginen einzeln in Olivenöl anbraten. Sie sollten danach noch etwas Biss haben. Staudensellerie 3-4 Minuten in Salzwasser blanchieren.

Zwiebelstreifen in Olivenöl anbraten, nach und nach die passierten Tomaten, die Tomatenwürfel, Weinessig, Zucker, Salz, Pfeffer, Kapern und Oliven hinzugeben. Zuletzt das angebratene Gemüse einrühren, die Masse noch einmal 4-5 Minuten ziehen und dann abkühlen lassen. Die Basilikumblätter untermischen, noch einmal süß-sauer abschmecken und mit Pinienkernen garnieren.

# Sandwiches, Pasten, Dips und Co

Das Schöne am Picknick ist die Vielfalt. Es gibt vielerlei, und man isst nach Lust und Laune. Eine strenge Gangabfolge gibt es nicht.

In diesem Kapitel finden Sie eine Reihe von Gerichten, die Ihren Gästen als Vorspeise oder Hauptgericht, als Begleiter zum Hauptgericht, als Brotaufstrich oder einfach nur so zwischendurch schmecken. Im Kapitel Grill-Soßen finden Sie weitere Rezepte. So passen zum Beispiel auch das türkische Zwiebel-Relish, die Mango-Pfirsich-Soße oder das Ananas-Chutney wunderbar zu allen Arten von kaltem Fleisch und Geflügel.

## Englische Gurken-Minze-Sandwiches

1/4 geschälte, in dünne Scheiben geschnittene Gurke
2 TL frische Minze, gehackt
1 Prise Zucker
knapp 1/2 TL Zitronensaft
50 g Butter
4 Scheiben Toast-Brot oder Weißbrot ohne Rinde
Salz, Pfeffer

Die Gurkenscheiben mit Salz bestreuen, 30 Minuten ziehen lassen und ausdrücken. Minze, Zucker, Zitronensaft und Butter mischen und cremig rühren. Die Brotscheiben sorgfältig mit der Minze-Butter bestreichen, 2 Scheiben mit den Gurkenscheiben belegen, pfeffern, mit den restlichen beiden Scheiben bedecken und in Dreiecke schneiden.

## Vollkornschnittchen mit angemachtem Parmesan

4 Scheiben Vollkornbrot, halbiert oder geviertelt
Butter zum Bestreichen
150 g Parmesan, gehobelt
1 TL Quark
4 schwarze Oliven, gehackt
1 TL Basilikumblätter, entkernt und gehackt
8–10 Rucolablätter, klein gehackt
1 TL Olivenöl
Salz, Pfeffer

Den gehobelten Parmesan mit den übrigen Zutaten anmachen und mit Salz und Pfeffer abschmecken. Auf gebuttertem Vollkornbrot servieren.

➡ **Tipp:**
➡ Besser als viele Käsehobel oder -reiben funktioniert ein einfacher Gemüseschäler.

## Hühnerlebercrostini

250 g Hühnerlebern
1 kleine Zwiebel, fein gehackt
1 kleine Stange Staudensellerie, fein gehackt
2–3 EL Olivenöl
3 EL Portwein
2 Sardellenfilets, klein gehackt
1 EL Tomatenmark
1 EL Kapern, klein gehackt
1 EL Butter
6 Salbeiblättchen, klein gehackt
evtl. 1 EL Zitronensaft
Salz, Pfeffer

Die Hühnerlebern kalt waschen, von Häuten und Sehnen befreien, in kleine Stücke schneiden und über Nacht in Portwein marinieren. Zwiebel und Sellerie im Olivenöl kurz anbraten, die abgetropften Lebern hinzufügen und unter ständigem Rühren 3 Minuten braten. Den Portwein, Kapern, Sardellen, Salbeiblättchen, die

Butter und das Tomatenmark dazugießen, salzen und pfeffern und alles 8-10 Minuten sanft köcheln lassen, bis die Flüssigkeit verdampft ist. Mit dem Mixer pürieren, bis eine streichfähige Paste entstanden ist. Evtl. mit etwas Zitronensaft, Salz und Pfeffer abschmecken. Auf geröstetem Baguette oder Ciabattabrot servieren.

➡ Tipp:
➡ Besonders gut schmeckt der Aufstrich, wenn Sie unter die Hühnerleber ein paar Gramm frische Steinpilze mischen.

## Guacamole

Guacamole ist eine Avocadocreme, die vor allem in Mexico als Dip oder als Soße verwendet wird. Sie schmeckt zu Baguette oder Tacos, zu kaltem Braten und zu gegrilltem Fleisch.

**2 reife Avocados**
**1 mittelgroße Zwiebel, fein gehackt**
**1 Knoblauchzehe, fein gehackt**
**1–3 Chilischoten oder Cayennepfeffer nach Geschmack**
**2 EL Zitronensaft**
**1 kleiner Bd Koriandergrün oder ersatzweise glatte Petersilie, klein gehackt**
**Salz, schwarzer Pfeffer**

Avocado halbieren, entsteinen und das Fruchtfleisch mit dem Löffel herausschaben. Mit den anderen Zutaten mischen und alles mit dem Pürierstab pürieren. Evtl. mit Zitronensaft und Salz nachwürzen.

➡ Tipp:
➡ Mexikaner essen ihre Guacamole gerne mit Tomaten. Dazu eine Fleischtomate enthäuten, entkernen, klein hacken und unter die Guacomole mischen.

## Guacamole mit Joghurt

2 reife Avocados
Saft von 2 Limetten oder Zitronen
200 g Magermilchjoghurt
1/2 Bd glatte Petersilie oder Koriander, sehr fein
   gehackt
1–3 Chilischoten oder einige Spritzer Tabasco
Salz, Pfeffer

Avocados halbieren, entsteinen und das
Fruchtfleisch mit dem Löffel herausschaben. Avocadofleisch zusammen mit dem
Limettensaft pürieren. Joghurt unterrühren und mit Salz, Pfeffer und Tabasco
würzen. Petersilie oder Koriander unterrühren.

## Käse-Ananas-Paste

100 g Frischkäse
100 g abgetropfte und zerkleinerte Ananas aus der Dose
50 g fein gehackte Walnüsse
Pfeffer

Den Frischkäse mit dem Mixer schaumig
schlagen (evtl. ein paar Tropfen Milch zugeben), Ananas und Nüsse zufügen und gut
vermischen. Mit Pfeffer abschmecken. Den
Aufstrich mindestens eine Stunde ziehen
lassen. Mit Crackern oder Vollkornbrot servieren.

## Sellerie-Schinken-Käse-Aufstrich

70 g gekochter Schinken, klein gehackt
150 g Frischkäse
1/2 TL scharfer Senf
evtl. ein paar Tropfen Tabasco
1 Stange Staudensellerie
Salz, Pfeffer

Schinken, Frischkäse, Senf und Tabasco in einer Schüssel gut verrühren. Selleriestauden längs in feine Streifen und diese in kleine Stücke schneiden. Unter die Schinken-Käse-Mischung heben, mit Salz und Pfeffer abschmecken und mit Baguettes servieren.

## Basilikumcreme

200 g Doppelrahm-Frischkäse
1 EL saure Sahne
1 Bd frisches Basilikum, klein gehackt
150 g schwarze Oliven, entsteint
1 Knoblauchzehe, klein gehackt
Salz, Pfeffer

Frischkäse und saure Sahne verrühren. Einige Oliven zum Garnieren beiseite stellen, die übrigen klein hacken und zusammen mit dem Knoblauch und dem Basilikum unter die Frischkäsecreme heben, mit

Salz und Pfeffer abschmecken, mit den restlichen Oliven garnieren und zu frischem Ciabattabrot servieren.

## Lachsaufstrich

200 g Räucherlachs
2 EL Schmand oder Crème Fraîche
100 g Frischkäse
1 TL Zitronensaft
Salz, Pfeffer
1 Bd fein gehackter Dill

Den Lachs fein hacken, den Schmand oder die Crème fraîche unterrühren. Mit Zitronensaft, Salz und Pfeffer würzen, mit dem Dill bestreuen und zu Baguette oder Toastbrot servieren.

## Oliven-Paste (Tapanade)

200 g schwarze Oliven, entsteint
1 Bd Petersilie, klein gehackt
100 ml Olivenöl
2 Sardellenfilets, klein gehackt
2–3 Knoblauchzehen, klein gehackt
1 TL Zitronensaft
1 TL Thymianblätter, klein gehackt
Salz, Pfeffer

Alle Zutaten im Mixer pürieren, dabei das Olivenöl nach und nach einrühren, bis eine Paste entsteht. Mit Zitronensaft, Salz und Pfeffer abschmecken und auf knusprigem Baguette oder Ciabattabrot servieren.

## Krabben-Meerrettich-Dip

Dieser Dip schmeckt am besten zu kaltem und warmem Fisch und Gemüse.

2 große, reife Fleischtomaten
100 g Krabben, geschält
150 g Kräuterfrischkäse
2 EL Crème fraîche oder Schmand
1 TL Kapern, klein gehackt
1–2 TL Meerrettich
Salz, Pfeffer

Krabben fein würfeln. Tomaten blanchieren, enthäuten, halbieren, entkernen und in kleine Würfel schneiden. Beides mit den übrigen Zutaten verrühren, mit Salz und Pfeffer abschmecken.

# »Vorspeisen« und »Hauptgerichte«

Vorspeisen und vor allem Hauptgerichte gibt es beim Picknick eigentlich nicht. Dennoch besteht eine Rangfolge. Fleischgerichte bilden meist den Mittelpunkt beim Picknick. Sie werden wie die Vorspeisen und Beilagen zu Hause vorbereitet und vor Ort kalt serviert. Doch anders als bei Vorspeisen, Beilagen und auch Desserts ist bei den Hauptgerichten Vielfalt nicht unbedingt gefragt. Meist reicht es, wenn Sie ein oder zwei »Hauptgerichte« zubereiten. Abwechsungreich werden sie durch die Soßen, die Sie dazu reichen. Besonders gut schmeckt übrigens auch gegrilltes Fleisch. Selbst in kaltem Zustand bewahrt es sein rauchiges Aroma.

## Chorizo-Tapas mit Kartoffeln

Tapas sind kleine Snacks, die es in Spanien in jeder Bar gibt. Sie sind meist sehr einfach zuzubereiten, halten sich gut ein paar Stunden oder sogar Tage, lassen sich mit den Fingern oder einem Zahnstocher essen, sie sind – mit einem Wort – picknickgeeignet.

1 Chorizo (scharfe, spanische Paprikawurst) oder Aldi-Schinken-Pfefferling
500 g Kartoffeln, gewürfelt
1 mittelgroße Zwiebel, fein gewürfelt
2–3 EL Olivenöl
2 Knoblauchzehen, durchgepresst
2 TL Paprikapulver nach Geschmack
Salz, Pfeffer

Die Wurst in dicke Scheiben schneiden. Knoblauch und Zwiebeln zusammen mit der Wurst bei niedriger Hitze im Olivenöl anbraten, bis die Zwiebeln leicht gebräunt sind. Die gewürfelten Kartoffeln unterrühren, nach Geschmack mit Paprikapulver würzen, salzen, pfeffern und so viel Wasser darüber gießen, dass nur die oberste Schicht frei ist. Etwa 30 Minuten bei leichter Hitze weiterkochen, bis die Flüssigkeit zu einer dicken Sauce geworden ist und die Kartoffeln gar sind. Zu knusprigem Bauernbrot servieren.

## Lachs-Rolls
Für die Füllung:
150 g geräucherter Lachs, in kleine Stücke geschnitten
220 g Frischkäse
2 Lauchzwiebeln, in dünne Ringe geschnitten
1 EL Zitronensaft
1 EL Meerrettich, aus dem Glas
1 Bd Dill, klein gezupft

Für 8-10 Crêpes:
120 g Mehl
ca. 100 ml Wasser
170 ml Milch
3 Eier
2 EL Pflanzenöl
1 Prise Salz
Butter zum Einfetten der Pfanne

Die Zutaten für die Füllung gut vermischen und kaltstellen. Die Zutaten für die Crêpes zu einem glatten Teig verrühren und mindestens eine halbe Stunde kalt stellen. In einer flachen, schweren Pfanne bei schwacher Hitze etwas Butter zerlassen, 3-4 EL Teig in die Pfanne geben und die Pfanne schwenken, damit der Teig den Boden gleichmäßig ausfüllt. Sobald die Oberfläche stockt, Crêpe wenden und noch einmal 1-2 Minuten auf der Unterseite bräunen.

Zur Weiterverarbeitung die Crêpes mit jeweils 2 EL der Lachs-Masse bestreichen und zusammenrollen. Die Rollen in ca. 3 cm dicke Zylinder schneiden und mit den Schnittflächen nach oben nebeneinander auf einer Platte anrichten und mit Dill garnieren.

## Orientalische Gemüsetaschen

Dieses Rezept hört sich wegen des Hefeteigs komplizierter an, als es ist. Der Hefeteig ähnelt bei diesem Gericht jedoch eher einem Nudelteig, er muss deshalb nicht besonders luftig werden.

Für den Hefeteig:

500 g Mehl

1 Paket Trockenhefe

2 EL Olivenöl

ca. 250 ml Wasser

1 Prise Zucker

Salz

Für die Füllung:

2 große Gemüsezwiebeln, in dünne Streifen geschnitten

2 Fleischtomaten, gehäutet, entkernt und gewürfelt

100 g Rosinen

80 g schwarze Oliven, entsteint, klein gehackt

100 g Fetakäse, klein gebröselt

1 Ei

1 EL Olivenöl

1 Messerspitze Zimt

1 TL Tajine-Gewürz

Salz, Pfeffer

Die Zutaten für den Teig mischen, gut verkneten, mit einem Handtuch bedecken und treiben lassen. Während der Teig geht, die Füllung zubereiten: Dazu die Rosinen in warmem Wasser einweichen. Die Zwiebelstreifen in Olivenöl glasig dünsten, die Tomatenwürfel und Oliven dazu geben und ca. 2 Minuten dünsten, die Rosinen unterheben und weitere 1-2 Minuten dünsten; salzen, pfeffern und beiseite stellen.

Den Teig dünn ausrollen, etwa 20x20cm große Quadrate ausschneiden, etwas Füllung in die Mitte geben und Käse darüber streuen. Die Ränder mit Ei bestreichen und die Teigplatten zu dreieckigen Taschen falten und an den Rändern fest zusammendrücken. Ca. 15 Minuten bei 180 Grad backen, heiß oder kalt servieren.

# Hähnchen Escabèche

1 Poularde (1,6–2,0 kg) oder 2 Hähnchen à 1,2 kg
(Winzhähnchen à 1,0 kg schmecken nicht)
60 ml Olivenöl
12 große Knoblauchzehen, geschält
12 kleine Zwiebeln, geschält
3 Chilischoten, in feine Streifen geschnitten
4 Lorbeerblätter
1/2 TL Cayennepfeffer
12–15 frische Thymianzweige oder
1 TL getrockneter Thymian
4 Möhren, geschält und schräg (sieht schöner aus) in
3 cm lange Stücke geschnitten
100 ml Rotweinessig
1/2 l trockener Rotwein
4 Selleriestangen, schräg in 1 cm lange Stücke
geschnitten
2 rote Paprikaschoten, in feine Streifen geschnitten
2 grüne Paprikaschoten, in feine Streifen geschnitten
Salz, Pfeffer

Die Poularde bzw. die Hähnchen mit einem großen Hackmesser in kleine Happen zerlegen und mit Salz und Pfeffer bestreuen. Die Hälfte des Olivenöls in einer großen Pfanne erhitzen, die Geflügelteile zugeben und bei mittlerer Hitze rundum goldbraun anbraten (etwa 4–6 Minuten pro Seite). Herausnehmen und beiseite stellen. Knoblauch und Zwiebeln mit dem restlichen Öl mischen, auf niedriger Stufe anbraten, bis die Zwiebeln weich und leicht gebräunt sind. Chilis, Lorbeerblätter, Cayennepfeffer, das restliche Salz, Thymian und Möhren zugeben und 5 Minuten mitbraten. Essig und Rotwein hinzugeben, einmal aufkochen und danach 15 Minuten ohne Deckel köcheln lassen. Sellerie und Paprika zugeben und weitere 15 Minuten garen. Hähnchenteile wieder in den Topf geben. Zudecken, von der Herdplatte nehmen und abkühlen lassen.

## Kalter Tafelspitz mit drei Soßen

Für 8–10 Personen
2,5 kg Tafelspitz (weil alles, was weniger wiegt, als
Tafelspitz nicht gut schmeckt)
5 Möhren, längs geviertelt und quer halbiert
1/2 Sellerieknolle, in dicke Scheiben geschnitten
2 Petersilienwurzeln
2 Stangen Lauch, längs geviertelt und quer in ca. 5 cm
lange Stücke geschnitten
ca. 5 l Fleischbrühe
2 Zwiebeln, geviertelt

Das Fleisch mit dem Gemüse in die ko-
chende Brühe geben, so dass es ganz von
Flüssigkeit bedeckt ist. Aufkochen und bei
kleiner Hitze ca. 2-2 1/2 Stunden köcheln
lassen. In der Brühe erkalten lassen, herausnehmen, in Scheiben aufschneiden
und servieren. Dazu gibt es drei unterschiedliche, jeweils kalt zusammenge-
rührte Soßen:

## Apfelkren

2 reife, feste, säuerliche Äpfel, geschält, entkernt und
gerieben
2–3 EL frischer Meerrettich, gerieben
1 El Zitronensaft

Alle Zutaten mischen.

## Meerettichsahne

1/4 l Sahne, steif geschlagen
2–3 EL Meerettich
1 Prise Zucker
Salz

Alle Zutaten mischen.

# Schnittlauchsoße

1 Eigelb
1/2 TL mittelscharfer Senf
125 ml Pflanzenöl
1 TL Essig
1/4 l Sahne, steifgeschlagen
2 Bd Schnittlauch, fein gehackt
1 Prise Zucker
Salz, Pfeffer

Aus dem Eigelb, dem Senf, Salz, Pfeffer, Öl und Essig eine Mayonnaise rühren. Dazu schlagen Sie mit einem großen Schneebesen oder Mixer zuerst das Eigelb und geben dann nach und nach in dünnem Strahl unter ständigem Schlagen das Öl dazu, zuletzt Salz, Pfeffer und Essig. Mit den übrigen Zutaten mischen, evtl. mit Salz und Pfeffer nachwürzen.

# Desserts

Desserts gehören zum Picknick, ganz klar. Aber welche Desserts? Gar nicht so einfach. Denn was nützt das schönste Himbeersoufflée, wenn es schon auf dem Weg ins Grüne in sich zusammenfällt? Was fängt man mit einer Weinschaumcreme an, die sich nach einem kurzen Sonnenbad bereits in ihre Bestandteile auflöst?

Vor vielen Jahren waren wir zu Gast bei einem Picknick, das der Gastgeber, ein begeisterter Hobbybäcker, mit einer Schwarzwälder-Kirsch-Torte krönen wollte. Voller Stolz hob er die Haube, unter der sich die Torte befinden sollte. Doch die hatte sich unterwegs im Auto in einen undefinierbaren Brei verwandelt. Unser Gastgeber erstarrte, aber dann fasste er sich wieder, schnappte sich ein Salatbesteck und vollendete, was sein ruckeliger Fahrstil begonnen hatte. Noch heute erinnern sich die Gäste an die köstliche Schwarzwälder-Creme, die es damals gab. Wir, die wir nicht so viel Mut zur Improvisation haben, setzen bei Picknick-Desserts auf Robustes. Am liebsten nehmen wir viel frisches Obst, strapazierfeste Kuchen und Cremes mit möglichst wenig rohen Eiern und Sahne mit. Und nur für den Notfall ein Salatbesteck.

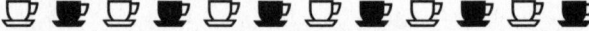

## Melonen-Kaltschale

Dieses Dessert schmeckt nicht nur hervorragend, es sieht wegen der verschiedenen Fruchtfleischfarben auch wunderschön aus.

1 Honigmelone
1 Cantalupemelone
1 Wassermelone
4 EL Orangenlikör oder Orangensaft
4 EL Zitronensaft, frisch gepresst
3 EL Honig
4 Zweige Minze

Die Melonen längs halbieren und entkernen. Von jeder Melone jeweils eine Hälfte nehmen und das Fruchtfleisch mit einem Kugelausstecher oder einem Mokkalöffel zu Kugeln formen und mit dem Orangenlikör oder -saft begießen. Die Minzeblätter bis auf einige zum Dekorieren abzupfen und in feine Streifen hacken, dazugeben, vorsichtig umrühren und kalt stellen. Das restliche Fruchtfleisch aus den Schalenhälften kratzen und nach Sorten getrennt pürieren. Jedes Püree einzeln mit jeweils einem EL Honig und einem EL Zitronensaft würzen. Vorsichtig in eine große, flache Schüssel gießen und nur ganz leicht verrühren, so dass sich die Pürees nicht vollständig vermischen, sondern ineinanderfließen und dabei verschiedenfarbige Wirbel bilden. Die Melonenkügelchen in die Kaltschale geben und mit ein paar Minzeblättern garnieren.

## Obstsülze mit Kefirschaum

Für die Obstsülze:
8 Blatt Gelatine
3 Nektarinen oder Pfirsiche
je 100 g grüne und blaue Weintrauben
1/2 l Prosecco
Saft einer Zitrone
2 Pkgen Vanillezucker
1/2 Bd Minze

Für den Kefirschaum:

**150 ml Schlagsahne**

**100 ml Kefir**

**6cl Amaretto**

**1/2 TL Zimt**

Gelatine in kaltem Wasser einweichen. Nektarinen bzw. Pfirsiche entkernen und in Spalten schneiden. Trauben halbieren und entkernen. Vom Prosecco ein Glas beiseite stellen, den Rest mit Zitronensaft und Vanillezucker verrühren. Gelatine bei schwacher Hitze auflösen, zuerst mit dem Glas Prosecco, dann mit der restlichen Flüssigkeit verrühren. Früchte mit den Minzeblättchen in eine Kastenform schichten, mit der Flüssigkeit übergießen und mindestens 6 Stunden im Kühlschrank steif werden lassen. Sahne, Kefir, Amaretto und Zimt verrühren und mit dem Mixer schaumig schlagen. Vor dem Servieren die Fruchtsülze kurz in heißes Wasser tauchen, auf eine flache Platte stürzen und mit dem Kefirschaum servieren.

## Sahnereis mit Beeren

**1/2 l Milch**

**125 g Milchreis**

**1 Pkg Vanillezucker**

**abgeriebene Schale von 1/2 unbehandelten Zitrone**

**75 g Zucker**

**250 g Sahne**

**500 g gemischte Beeren (gibts bei Aldi tiefgefroren), gezuckert**

**1 Prise Salz**

Zitronenschale dünn abschälen und zusammen mit Salz, Milch, Vanillezucker und Zucker in der Milch aufkochen. Reis einstreuen, 35 Minuten bei geschlossenem Topf ziehen lassen, bis der Reis weich und die Milch aufgesogen ist. Abkühlen lassen, Zitronenschale entfernen und die steifgeschlagene Sahne unter die Masse ziehen. In eine Schüssel geben, die gezuckerten Beeren darübergeben und servieren.

# Birnen mit Karamelsoße

8 kleine, feste Birnen
1/2 l Weißwein
150 g Zucker
1 große unbehandelte Apfelsine
200 g Puderzucker
10 g Butter
1 Msp Zimt
3 EL Orangenlikör

Die Birnen schälen, Blüte und Stiel stehen lassen. Wein, Zimt und Zucker aufkochen, die Birnen bei niedriger Hitze etwa 30-40 Minuten garen, dabei ab und zu wenden. Herausnehmen und abkühlen lassen. Die Orangenschale abreiben und die Frucht auspressen. Den Puderzucker vorsichtig in einem Topf mit schwerem, geraden Boden karamelisieren, die Butter und den Orangensaft dazugeben und aufkochen. Die Orangenschale hinzufügen und so lange weiterköcheln lassen, bis ein Sirup entsteht. Abkühlen lassen und den Orangenlikör dazugeben, kalt über die Birnen gießen.

# Rote Grütze

500 g gemischte rote Früchte, z. B. Johannisbeeren, Sauerkirschen, Himbeeren, Brombeeren, Erdbeeren. Ersatzweise gehen auch tiefgefrorene Aldi-Beeren.
2 EL Zucker
1 Pckg Vanillezucker
3 EL Speisestärke

Für die Soße:
2 Pkgen Vanillezucker
1/4 l Schlagsahne
1 EL Zucker
1 TL Speisestärke

Die Erdbeeren vierteln, mit den Himbeeren, dem Zucker und Vanillezucker aufkochen und bei starker Hitze 2 Minuten garen. Die Speisestärke mit etwas Wasser verrühren, zu den Früchten geben, noch einmal 3 Minuten garen und kalt werden lassen.

Für die Soße alle Zutaten gut verrühren, kurz aufkochen und ebenfalls abkühlen lassen.

## Zitronentarte

Für den Teig:
200 g Mehl
110 g Butter
1 Prise Salz
2–3 EL Wasser
evtl. 1 Msp Backpulver

Für die Zitronenfüllung:
3 Eier
150 g Zucker
75 g Butter
4 unbehandelte Zitronen

Die Teigzutaten verkneten und mindestens 30 Minuten kalt stellen. Währenddessen die Zitronencreme zubereiten: Eier und Zucker verquirlen, Zitronensaft und geriebene Schale von 3 Zitronen zufügen, Butter unterrühren und die Masse bei schwacher Hitze unter ständigem Rühren langsam erwärmen. 2 Minuten aufkochen lassen, beiseite stellen. Nun legen Sie eine flache Tarteform mit dem Teig aus, legen Backpapier auf den Teigboden und beschweren ihn mit getrockneten Linsen oder Erbsen. Im Backofen bei 200 Grad 10 Minuten blind backen. Hülsenfrüchte und Backpapier entfernen und weitere 10 bis 15 Minuten backen. Die Tarte aus der Form nehmen und die Zitronencreme daraufgeben. Die vierte Zitrone in sehr dünne Scheiben schneiden und auf die Creme legen.

## Krümelkuchen

Dieser Kuchen wird wird in Italien als Dessert zu einem Glas süßen Wein gegessen, gerne aber auch als kleiner Imbiss zwischen zwei Mahlzeiten oder zum Kaffee. Er krümelt und zerbricht ganz von selbst, nimmt deshalb auch einen unsanften Transport nicht übel und ist also schon deshalb ideal für ein Picknick. Locker in Alufolie gewickelt oder in einer Blechdose aufbewahrt, hält er sich viele Tage.

115 g Mandeln, blanchiert und abgezogen
170 g Mehl
100 g Maismehl
125 g Zucker
abgeriebene Schale von 1 Zitrone
2 Eigelbe
115 g Butter
etwas Butter zum Einfetten der Form

Die abgezogenen Mandeln in der Küchenmaschine oder im Mixer mahlen. Mehl, Maismehl, Zucker, Zitronenschale und gemahlene Mandeln in eine Schüssel geben und gut mischen. Die beiden Eigelbe hinzufügen und die Mischung mit den Händen durchwalken, bis sich kleine Klumpen bilden. Die Butter in kleinen Flocken darübergeben und die Masse kneten, bis ein gleichmäßiger, trockener, krümeliger Teig entstanden ist. Den Teig mit den Fingern in eine eingefettete runde Form krümeln und gleichmäßig verteilen. Im oberen Drittel des vorgeheizten Ofens 40 Minuten bei 190 Grad backen. Vor dem Einpacken vollständig auskühlen lassen.

# Aldi auf Reisen, Essen auf Rädern: Gute-Laune-Snacks für die Fahrt

Lange Autofahrten, besonders mit Kindern, sind immer wieder eine Herausforderung für die elterlichen Nerven. Wenn auf der Rückbank Unruhen ausbrechen, hilft oft nur noch eines: der Griff in die Provianttüte. Wir nehmen immer ein paar Leckereien für Notfälle (s. auch Kapitel »Mir ist so schlecht«) mit. Natürlich sind Süßigkeiten nicht besonders gesund, aber sie beruhigen die Gemüter. Deshalb sind sie auf langen Ferienfahrten in Maßen erlaubt. Allerdings sollten Sie bei der Auswahl darauf achten, dass sie **leichtverdaulich** sind, **nicht allzuviele Kalorien** haben, dass sie **weder schmieren noch schmelzen oder tropfen**. Süßigkeiten, die Schokolade oder Creme enthalten, lässt man daher besser zu Hause. Müsliriegel sind dagegen ideal, weil sie nicht kleckern und kleinere Hungerattacken besiegen, Gummibärchen und Kaubonbons sind ebenfalls geeignet, weil sie fettfrei und klein sind. Sie sollten den Kindern allerdings nicht die ganze Packung reichen, sondern nur Winzportionen verteilen.

Kinder unter 3 Jahren dürfen kleine Bonbons oder Gummibärchen nicht essen. Für sie sind einfache Butterkekse, Zwieback oder trockene Brötchen geeignet. Die krümeln zwar oder werden zu breiigem Mörtel, der Kind, Kindersitz, Gurt und Kleidung gleichermaßen verklebt, aber sie geraten nicht durch falsches Schlucken in die Luftröhre.

Apropos verklebt: Ein **nasser Waschlappen**, aufbewahrt in einer Plastiktüte, hilft im Notfall besser als Servietten und Feuchttücher. Und das nicht nur im Auto, sondern auch in Bus, Bahn und Flugzeug.

# Rasten

Der Mensch lebt nicht vom Kilometerfressen allein. Spätestens alle zwei Stunden sollten Sie deshalb auf Autofahrten eine Pause einlegen. Beine strecken, Wirbelsäule aufrichten, Körper dehnen, ein wenig Ball oder Fangen spielen, Essen und Trinken. Danach fährt man erfrischt und gestärkt weiter.

Für die Rast unterwegs brauchen Sie nicht viel: Picknickdecke, eine geräumige Kühltasche, ein gutes Taschenmesser und ein paar Plastikdosen. Servietten, Feuchttücher und ein nasser Waschlappen im Plastikbeutel, (s. voriges Kapitel) sowieso. Zum Trinken nehmen wir Mineralwasser mit Kohlensäure. Die Kohlensäure hält die Bakterien in Schach, die in die Flasche geraten, wenn Kinder daraus trinken, anstatt den Becher zu benutzen. Was ja manchmal vorkommen soll, wenn die gestrengen Eltern nicht zuschauen. Vor allem im Winter nehmen wir auch eine Thermoskanne mit heißem Tee oder Kaffee mit. Unser Reiseproviant besteht vor allem aus belegten Broten. Darüber hinaus gibts Obst und Gemüse.

Auf Nachtfahrten geben wir den Kindern vor allem leichtverdauliche, kohlehydrathaltige Speisen, die schlaffördernd wirken: zum Beispiel Bananen, Gurkensandwiches oder Marmeladenbrote mit möglichst wenig Butter. Tagsüber essen wir eher eiweißreiche Kost. Käsebrote und vorgebratenes, mageres Fleisch beugen vorzeitiger Ermüdung vor.

# Am Urlaubsort

Auf allen unseren Reisen bilden mitgebrachte Vorräte die Grundlage unserer Menüs und die letzte Reserve, wenn alle Läden dicht haben. Es ist nicht viel, was wir mitnehmen. Wenige Grundzutaten genügen uns, um abwechslungsreiche Mahlzeiten zuzubereiten (s. Kap. »Basics«). Spaghetti, Reis, Gnocchi und Kartoffeln zum Beispiel. Sie halten sich ohne Kühlung, nehmen nicht viel Platz im Kofferraum ein und lassen sich mit unendlich vielen Zutaten kombinieren. Ein paar Spritzer Zitronensaft, Knoblauch und Olivenöl – und schon hat man eine duftende Spaghettisoße. Butter und ein paar Salbeiblätter über Gnocchi gegossen machen aus den Minikartoffelklößen eine Delikatesse und mit einem Brühwürfel und einem kräftigen Schluck Weißwein läßt sich im Handumdrehen ein verführerisches Risotto zaubern. Auch Kartoffeln brauchen nicht viel mehr als Weißwein und Olivenöl, um zu einer köstlichen Mahlzeit zu werden. Für die erste Mahlzeit am Urlaubsort nehmen wir tiefgefrorenes Aldi-Fleisch mit. Das hat nicht nur etwas damit zu tun, dass das jüngste Familienmitglied so gerne Steaks und Schnitzel isst. Das tiefgefrorene Fleisch dient gleichzeitig als Kühlelement für die anderen Lebensmittelvorräte. Wenn wir am Urlaubsort angekommen sind, ist das Fleisch aufgetaut und alles andere schön kühl.

Was uns fehlt, was uns neugierig macht, was es im Urlaubsland günstig, in guter Qualität und im Überfluss gibt, kaufen wir auf einheimischen Märkten. Denn natürlich ist es nicht sinnvoll, Tomaten oder Olivenöl mit nach Spanien zu nehmen, Räucherlachs nach Schweden oder Kartoffeln nach Belgien. Einheimische Geschäfte bieten dies meist frischer und preiswerter an. Allerdings gibt es auch hier Ausnahmen: Schweizer Käse ist nirgendwo so teuer wie in der Schweiz. Für den Export wird er subventioniert, um überhaupt eine Chance zu haben.

Es lohnt sich also, sich vorher zu informieren, was im Urlaubsort teuer ist, was es gar nicht gibt oder nur in schlechter Qualität. Einige dieser Lebensmittel kann man dann von zu Hause mitbringen und vor Ort mit preisgünstigen, guten, einheimischen Produkten kombinieren.

Wir haben auf den folgenden Seiten unsere Urlaubs-Lieblingsrezepte aufgeschrieben. Es sind einfache Gerichte, die nach einem langen Tag auf der Piste oder am Strand schnell und ohne viel Arbeit und Aufwand fertig sind. Oft genügt eine einzige Kochplatte oder ein Camping-Gaskocher, um sie zuzubereiten.

# Basics

Mit ein paar Basislebensmitteln und -werkzeugen bereiten Sie auch auf Reisen Ruckzuck ein phantastisches Mahl zu. Sie brauchen nicht alles, was in dieser Liste steht. Denken Sie darüber nach, was Ihnen besonders gut schmeckt, was Sie im Urlaub nicht missen mögen und was Sie vor Ort nicht kaufen können. Gut Essen heißt zuerst gut Einpacken.

**Wein** und Ihren **Lieblingsgrappa** oder -**Cognac**

**Brot**: vielseitig und köstlich, am besten dunkles Roggenbrot, weil es sich lange hält. Um unterwegs zu knabbern und als eiserne Ration: Knäckebrot oder Vollkornbrot.

**Butter** nur neben tiefgefrorenen Lebensmittel oder Kühlelementen

**Eier** kommen bei Aldi aus Freilandhaltung

**Tomaten:** ganze aus der Dose, pürierte aus der Tüte und, wenn die Kinder drauf bestehen, auch eine Flasche Ketchup

**Zitronen**

**Luftgetrocknete Salami** am Stück schmeckt zu jeder Tageszeit

**Olivenöl** und alle anderen Öle, ohne die Sie nicht verreisen wollen

**Zwiebeln** in allen Farben, ganz nach Geschmack

**Nudeln:** Ihre Lieblingssorten

**Gnocci** halten sich ewig ohne Kühlung

**Tee, Kaffee** und **Kakao**

**Müsli** und **Marmelade**, damit Sie morgens nicht verhungern

**Reis** kommt als Langkorn oder Rundkorn mit auf Reisen.

**Hart-Käse:** Am wichtigsten sind Gouda und Parmesan.

**Milch** muss haltbar sein, um die Glut im Kofferraum zu überstehen.

**Sahne**, wenn sie haltbar ist, muss auch mit.

**Knoblauch:** am besten einen ganzen Zopf

**Zucker, Salz, Pfeffer und ein paar Brühwürfel**

**Thunfisch** aus der Dose, Delphinfreundlich gefangen

**Sojasoße**

**Schokolade** macht fröhlich auch an Regentagen.

Und natürlich **ein großer Topf**.

Denn die Töpfe und Pfannen in Ferienwohnungen sind oft viel zu winzig für eine mehrköpfige, heißhungrige Familie.

Hobbyköche nehmen auch noch ihre **eigenen Messer** mit. Nützlich in fremden Küchen ist außerdem ein **Pürierstab**. Er nimmt nicht mehr Platz im Urlaubsgepäck ein als ein Reisefön, und man kann mit ihm Nudelsoßen, aber auch Milchshakes blitzschnell und bequem zubereiten.

## Tomaten-Brot-Suppe

Diese Suppe geht nicht nur einfach und schnell. Sie können dafür auch alle Brotreste verwenden, die von der Fahrt oder von Ausflügen übriggeblieben sind, und die die Kinder jetzt nicht mehr anrühren (»Ach nee, jetzt haben wir gerade keinen Hunger.«)

500 g älteres Graubrot oder Brotreste
1 Zwiebel, klein geschnitten
500 g frische Tomaten, enthäutet, oder Dosentomaten
2–5 Knoblauchzehen, durchgepresst
110 ml Olivenöl plus ein paar TL Olivenöl zum Servieren
1,2 l Hühnerbrühe (Brühwürfel)
1 Bd Basilikum
Salz, Pfeffer

Das Brot entrinden und in etwa 2 cm große Würfel schneiden. Die Tomaten grob hacken. Zwiebel und Knoblauch in Olivenöl vorsichtig anbraten. Die Tomaten hinzufügen und aufkochen. Mit der Hühnerbrühe auffüllen und etwa 5 Minuten kochen lassen. Wenn die Suppe schön brodelt, rühren Sie die Brotwürfel, Salz und Pfeffer unter und lassen sie noch einmal aufkochen und bei geschlossenem Deckel weitere 20 Minuten ziehen. Mit Basilikumblättern bestreuen, mit etwas Olivenöl beträufeln und warm servieren.

## Sonntag-Spinat-Tortilla

Dieses Tortillarezept kommt natürlich aus Spanien. Mitgebracht und leicht verändert hat es der Schauspieler Achim Sonntag. Mit seinem Kindertheater ist er überall in Europa unterwegs. Seine drei Kinder begleiten ihn oft. Das Tortillarezept, findet der Vater, ist ein ideales Reise-Rezept. Schnell zuzubereiten nach einem Auftritt oder nur nach einem langen Ferientag, leicht bekömmlich und einfach köstlich.

1 Zwiebel, klein gewürfelt

2 Knoblauchzehen, klein gewürfelt

300 g Blattspinat, evtl. klein gezupft

1 Tomate, gewürfelt

4 Kartoffeln, gewürfelt

8 Eier

8 EL Olivenöl

Salz, Pfeffer

Wenn Sie frischen Blattspinat verwenden: die Blätter in wenig Salzwasser kurz blanchieren und abtropfen lassen. Mit gefrorenem und aufgetautem Spinat steigen Sie erst hier ein: Olivenöl erhitzen, Knoblauch darin kurz anbraten, die Zwiebel hinzufügen und glasieren. Tomate und Blattspinat dazugeben, mit Salz und Pfeffer würzen, im geschlossenen Topf kurz garen.

Währenddessen die Kartoffeln in einer geschlossenen Pfanne in Olivenöl garen. Den Spinat dazugeben, Eier mit Salz und Pfeffer verquirlen und darübergießen, bei geschlossenem Pfannendeckel und bei mittlerer Hitze fest werden lassen.

# Blitz-Frittata

400 g gekochte Maccaroni, Penne oder Rigatoni
4 Scheiben geräucherter oder luftgetrockneter
Bauernschinken
4 EL Parmesan
6–8 Eier
1 EL Pflanzenöl
Salz, Pfeffer

Den Bauernschinken in feine Streifen schneiden und mit dem Pflanzenöl knusprig braten. Herausnehmen und das Fett in der Pfanne lassen. Die Eier in eine Schüssel schlagen, verrühren, nach und nach mit dem Parmesan, den Nudeln, den Schinkenstreifen und Salz und Pfeffer vermischen. Die Masse in die Pfanne geben und mit geschlossenem Deckel und bei niedriger Temperatur 15 Minuten braten. Servieren, wenn die Frittata am Boden goldbraun und fest ist.

➡ **Tipp:**

➡ Die Frittata ist ein klassisches Resteessen. Verwenden Sie einfach die übriggebliebenen Nudeln vom Vortag. Oder auch Kartoffeln, wenn es Kartoffeln gab. Liegen im Kühlschrank noch eine einsame Tomate, eine halbe Paprika oder Zwiebel, eine Handvoll grüner Bohnen, ein paar Stangen Spargel? Zur Frittata passt so gut wie alles, worauf Sie gerade Lust haben oder was von anderen Mahlzeiten übrig geblieben ist.

# Nudelsoßen

Pasta gehört zu den Basics unserer Urlaubsküche. Kinder und Erwachsene mögen sie gleichermaßen. Man kann sie mit unterschiedlichen Soßen zu immer neuen Delikatessen kombinieren. Und das auch noch im Handumdrehen. Die meisten Soßen halten sich mehrere Tage, so dass man sie vorbereiten und zeitgleich mit den Nudeln kochen kann.

Unsere Rezepte sind für jeweils ein Pfund Nudeln oder auch Gnocchi berechnet.

## Tomaten-Basilikum-Soße

6 große, reife Tomaten
1 Bd Basilikum
2–3 EL Olivenöl
1/2–1 EL Zucker
Salz und Pfeffer

Die Tomaten in kochendem Wasset kurz blanchieren, abhäuten, halbieren, Kerne entfernen und kleinhacken.

Das Olivenöl erhitzen, die gehackten Tomaten, die Hälfte der Basilikumblätter, Zucker, Salz und Pfeffer hinzufügen und ca. 15 Minuten köcheln lassen, bis die Tomaten weich sind. Mit den restlichen Basilikumblättern garnieren und mit Spaghetti oder großen Muschelnudeln (Conchiglie) servieren.

# Thunfischcreme

2 Dosen Thunfisch in Wasser
200 g (1 Becher) Crème fraîche oder Schmand
3 EL Mayonnaise
2 EL Zitronensaft
2 EL Tomatenmark
0,1 l Weißwein
Salz, Pfeffer
nach Geschmack einige Spritzer Tabasco

Alle Zutaten zusammengeben und mit dem Pürierstab oder Blender pürieren, bzw. sehr klein schneiden und gut verrühren. Evtl. mit Salz, Pfeffer und Tabasco nachwürzen und mit den abgetropften Spaghetti in einer großen Schüssel anrichten.

# Gorgonzola-Soße mit Rucola

150 g Gorgonzola oder ein anderer Blauschimmelkäse
2 Bd Rucola
125 ml Milch
1 1/2 EL Butter
Salz, Pfeffer

Den Rucola putzen, dazu die groben Stiele entfernen, und in Stücke schneiden. Den Käse kleinschneiden, mit Milch, Butter, Pfeffer und evtl. etwas Salz in einer Pfanne schmelzen und warmstellen. Falls die Soße zu dick wird, mit etwas Kochwasser von den Nudeln verdünnen. Den Rucola ebenfalls kurz mit dem Nudelwasser überbrühen oder kurz vor dem Abgießen zu den Nudeln geben. Mit den Nudeln abgießen, zusammen servieren und mit der Gorgonzola-Soße begießen.

➡ **Tipp:**
➡ Auch hier gilt wieder: nehmen Sie das Rezept nicht allzu wörtlich. Wenn Sie keinen Rucola finden oder seinen herben Geschmack nicht mögen, verwenden Sie Spinatblätter oder Mangold.

## Basilicumcreme

2 Bd Basilikum
4 Eigelb, hart gekocht
150 g Crème fraîche oder Schmand
2 EL Frischkäse
1 Knoblauchzehe, klein gehackt
Salz, Pfeffer

Die Basilikumblätter – mit Ausnahme einiger Dekorationsblättchen – mit Eigelb, Crème fraîche und Frischkäse pürieren bzw. sehr klein schneiden und gut verrühren. Knoblauch dazugeben, mit Salz und Pfeffer würzen. Spaghetti mit der Soße mischen und mit den restlichen Basilikumblättern garnieren.

➡ **Tipp:**
➡ Falls Sie ihn am Urlaubsort finden, verwenden Sie Ziegenfrischkäse anstelle des gewöhnlichen Frischkäse. Er gibt ihrer Basilikumcreme ein besonders würziges Aroma.

## Tomaten-Schafskäse-Pesto

1 Glas getrocknete Tomaten in Öl (Nettoinhalt 340g)
2 Knoblauchzehen
1 rote Peperoni
100 g Schafskäse
3 EL Balsamicoessig
4 EL Zitronensaft
Salz, Pfeffer

Tomaten abgießen, dabei das Öl auffangen. Peperoni halbieren und entkernen. Tomaten – bis auf 4 Stück – mit Knoblauch und 1/2 Peperoni pürieren bzw. kleinhacken und gut mischen. Käse und Tomatenöl nach und nach zufügen. Mit Essig, Zitronensaft, Salz und Pfeffer würzen. Restliche Peperonihälfte in Ringe, übrige Tomaten in Stücke schneiden. Spaghetti mit der Soße, Tomaten und Peperoni anrichten.

➡ **Tipp:**

➡ Pestosoße ist wegen des hohen Ölanteils wochenlang haltbar. Man kann sie schon zu Hause zubereiten und mitnehmen. Übrigens schmeckt sie auch unterwegs beim Picknick herrlich auf frischem Weißbrot.

## Walnuss-Pesto

4 Scheiben Toastbrot
10 EL Olivenöl
2 Bd Basilikum
1 Bd Rucola
50 g Walnüsse, gemahlen
3 EL Orangensaft
2 Knoblauchzehen, durchgepresst
Salz, Pfeffer

Toastbrot entrinden, klein schneiden, mit 6 EL Olivenöl vermischen und zusammen mit Basilikumblättern und Rucola pürieren bzw. sehr klein hacken. Walnüsse, Knoblauch, Orangensaft und restliches Olivenöl unterrühren. Mit Salz und Pfeffer abschmecken und mit Spaghetti anrichten.

# Risotto

Reis ist das meistkonsumierte Lebensmittel der Welt und steht in vielen Kulturen für Fruchtbarkeit und Leben. Eine Handvoll Reiskörner in kochendes Wasser geworfen und gegart reichen schon, um einen Menschen zu sättigen. Aus den schlanken, trockenen Körnern wird eine weiche, duftende Delikatesse. Wir lieben den Reis, weil er wie Luftmatratze oder Zelt kaum Platz wegnimmt im Kofferraum. Und weil er sich in so vielen Varianten kochen und braten lässt. Ein paar Päckchen Reis kommen deshalb bei uns auf jeder Reise ins Reisegepäck.

Am praktischsten für schnelle preiswerte Menüs haben sich Risottos erwiesen. Dafür kaufen wir bei unserem Lieblingsdiscounter Rundkornreis. An Regentagen, wenn wir Eltern lesen und die Kinder alleine in der Küche sind, verschwindet er manchmal auf rätselhafte Weise. Wenn wir Glück haben, stellen uns die Kinder abends ein Schüsselchen Milchreis hin.

## Risotto-Grundrezept

1–1,2 l Gemüse- oder Hühnerbrühe (Brühwürfel)
250 ml trockener Weißwein
1 EL Olivenöl
1 EL Butter
1 Zwiebel, fein gehackt
300 g Rundkornreis (besser noch: Arborio-Reis)
8 EL Parmesan, gerieben
Salz, Pfeffer

Brühe und Wein zum Sieden bringen. In einem anderen Topf die Zwiebel in der Butter und dem Olivenöl glasig dünsten. Den Reis zu Öl, Butter und Zwiebeln geben und 1 Minute unter ständigen Rühren dünsten, bis die Reiskörner mit Öl überzogen sind. Langsam eine Tasse Brühe zum Reis geben und solange rühren, bis er die Flüssigkeit aufgenommen hat. Den Vorgang wiederholen, bis die Brühe aufgebraucht, der Reis fast gar und das Risotto leicht cremig ist. Parmesan, Pfeffer und Salz unterrühren, kurz ziehen lassen und das Risotto servieren.

## Schinken-Paprika-Risotto

2 rote Paprika
150 g gekochter Schinken
300 g Milchreis oder noch besser: Arborioreis
2 fein gehackte Zwiebeln
1 Prise Safranfäden
1/2 TL Paprikapulver
2–3 TL Olivenöl
ca. 1,2 l heiße Hühnerbrühe (Brühwürfel)
250 ml trockener Weißwein
Salz, Pfeffer

Die Paprika vierteln, entkernen und mit der Außenseite auf einem Backblech im vorgeheizten Ofen (200 Grad) rösten, bis die Haut Blasen wirft. Herausnehmen, abkühlen lassen, die Haut abrubbeln und die Stücke in dünne Streifen schneiden. Den Schinken ebenfalls in Streifen schneiden. Aus den Zwiebeln, dem Olivenöl, Reis, der Brühe, den Gewürzen, den Paprika, dem Schinken und dem Wein das Risotto zubereiten (s. Risotto-Grundrezept).

## Risotto mit Pilzen

Das Beste an einem frischen Herbsttag. Mit selbst gesuchten Steinpilzen oder Pfifferlingen schmeckt dieses Risotto am besten.

**500 g frische Steinpilze oder Pfifferlinge**
**ca. 10 kleine Scheiben getrocknete Steinpilze**
**ca. 1,25 l Fleischbrühe (Würfel)**
**2 EL Butter**
**2 EL Pflanzenöl**
**1 Zwiebel, sehr fein gehackt**
**ca. 300 g Milchreis oder Arborioreis**
**6 EL Parmesan, gerieben**
**Salz, Pfeffer**

Die getrockneten Pilze werden in der Brühe mitgekocht, vor der Weiterverarbeitung jedoch herausgenommen. Die frischen Pilze kurz in Butter andünsten und beiseitestellen. Aus der Zwiebel, dem Öl, Reis, der Brühe, den Gewürzen und dem Käse das Risotto zubereiten (s. Risotto-Grundrezept). Während der letzten 10 Minuten die angedünsteten Pilze mitkochen.

## Risotto mit Backpflaumen und Feigen

Dieses cremige Risotto ist genau das Richtige nach einem langen Tag im Schnee. Sie können es als Dessert oder als Hauptgericht servieren.

**300 g Milchreis oder Arborio-Reis**
**200 g Backpflaumen**
**200 g getrocknete Feigen**
**1 l Milch**
**2 Pkgen Vanillezucker**
**175 g Zucker**
**1 Prise Salz**
**nach Geschmack 1 Prise Zimt**

Milch, Salz und Vanillezucker aufkochen lassen. Den Reis hinzufügen und ca. 2-3 Minuten unter Rühren leicht köcheln lassen, die Hitze sofort drastisch reduzieren, den Reis zudecken und 15 Minuten gar ziehen lassen. Je nach Topf und Herd können Sie die Platte sogar ausschalten und den Reis mit der Resthitze garen.

In der Zwischenzeit 250 ml Wasser und den Zucker zum Kochen bringen. Backpflaumen und Feigen hinzufügen und sanft köcheln lassen, bis sie weich und saftig sind. Mit Zimt abschmecken und zusammen mit dem Reis servieren.

➔ **Tipp:**

➔ Besonders gut schmeckt den Eltern diese Risotto-Creme, wenn die Backpflaumen und Feigen mit einem ordentlichen Schluck Armagnac gewürzt werden.

# Desserts

## Arme Ritter mit Äpfeln

4 länglich aufgeschnittene Scheiben frisches Baguette
4 EL Butter
2 große Äpfel
2 Eier
150 g Milch
1 Prise Zimt
2 EL Honig

Die Äpfel schälen, vierteln, entkernen, längs in Scheiben schneiden, kurz in der Hälfte der Butter andünsten und beiseite stellen.

Die Eier mit der Milch und dem Zimt verrühren, das Brot darin wenden und in Butter braten, bis die Scheiben goldbraun und knusprig sind. Auf den Äpfeln anrichten und mit Honig beträufeln.

## Ricotta-Kaffee-Creme

Dieses faszinierend einfache und unwiderstehliche Dessert ist im Handumdrehen fertig. Allerdings braucht es eine Nacht Abkühlung im Kühlschrank, um fest zu werden.

750 g Ricotta
175 g Zucker
5 EL Rum
150 ml sehr starker Espresso
eine Handvoll Schoko-Mokkabohnen zum Dekorieren

Ricotta und Zucker cremig rühren, unter Rühren Rum und Espresso hinzufügen. Die Mischung in eine große flache Schale oder in Dessertschalen füllen und über Nacht im Kühlschrank fest werden lassen. Vor dem Servieren mit Schoko-Mokkabohnen dekorieren.

# Köchel-Verzeichnis

Adobo-Marinade 25

Ananas-Chutney 36

Ananasscheiben, karamelisierte 78

Apfelkren 98

Arme Ritter mit Äpfeln 121

Auberginenpüree 59

Austernpilze in Sesamkruste, gegrillte 69

Bananensplit mit Schokosoße, gegrillter 77

Barbecuesoße 49

Basilikumcreme 92

BBQ-Soße, klassische amerikanische 31

Berber-Marinade 21

Biermarinade 48

Birnen mit Karamelsoße 103

Blitz-Frittata 113

Bohnen-Mango-Salat 85

Bratäpfel, gegrillte 77

Brot-Käse-Spieße 75

Brot, gefülltes 75

Bruschetta 74

Burger 54

Burgunderzwiebeln 38

Cajun-Rub 27

Champignons, marinierte 70

Caponata 87

Cheeseburger 55

Chicken-Burger 56

Chili-Mango-Salsa 34

Chimichurri 31

Choka 71

Chorizo-Tapas mit Kartoffeln 94

Dorade mit Kräuterfarce, gegrillte 66

Entenbrust in Orangensoße 51

Erdnuss-Soße, thailändische 34

Escalivada 84

Fleischspieße mit Aprikosen 39

Forelle, gegrillte 64

Frittata 113

Gemüsetaschen, orientalische 96

Gorgonzola-Soße mit Rucola 115

Grillhähnchen, jamaikanisches 50

Grütze, rote 103

Guacamole mit Joghurt 90

Gurken-Minze-Sandwiches, englische 88

Gurkensuppe, kalte 82

Hähnchenflügel, australische 48

Hähnchen Escabèche 97

Hamburger, amerikanische 54

– marinierte 56

Hot-and-Spicy-Rub für Spare-Ribs 27

Hühnerlebercrostini 89

Joghurt-Marinade, indische 22

– orientalische 22

Joghurt-Soße 32

Kaninchenkeulen, gefüllte 51

Kaninchenspieße, bunte 52

Kartoffel-Thunfisch-Salat 83

Käse in Weinblättern 68

Käse-Ananas-Paste 91

Käsekartoffeln 68

Käse-Paprika-Würstchen 46

Kebab, türkische 59

Kleftiko 45

Köfte, orientalisches 61

Krabben-Meerrettich-Dip 93

Krümelkuchen 105

Lachs, gegrillter 65

Lachsaufstrich 92

Lachs-Rolls 95

Lamm, marrokanisches 44

Makrelen, marinierte 65

Mango-Pfirsich-Soße 36

Marinade, asiatische 23

Mäusespeck, gegrillter 79

Méchouiy 44

Melonen-Kaltschale 101

Obst am Spieß 76

    Obstsülze mit Kefirschaum 101

    Olivenöl-Weißweinmarinade 20

    Olivenöl-Marinade 20

    Olivenpaste 93

    Orientalische Gemüsetaschen 96

    Orientalischer Salat 86

Pilzspießchen, italienische 71

Ricotta-Kaffee-Creme 122

    Rippe, hohe 37

    Risotto-Grundrezept 118

        - mit Pilzen 120

        - mit Backpflaumen und Feigen 120

    Ritter, arme 121

    Rote Grütze 103

Sahnereis mit Beeren 102

    Salat aus Grillgemüse, spanischer 84

Salat aus Bohnen, Champignons und

    Tomaten 86

Salat, orientalischer 86

Schafskäse-Creme 33

Schinken-Paprika-Risotto 119

Schisch Kebab 58

Schnittlauchsoße 99

Schweinekoteletts, gefüllte 43

Sellerie-Schinken-Käse-Aufstrich 91

Sonntag-Spinat-Tortilla 112

Spanferkelbraten, italienischer 39

Spare Ribs 41

    - all american 41

    - asiatisch 43

    - mediterran 42

    - mexikanisch 42

Spezial-Cheeseburger 56

Spinat-Tortilla 112

Stockbrot 73

Tafelspitz mit drei Soßen, kalter **98**

    Teryaki-Soße **24**

    Thunfischcreme **115**

    Thunfischspieße mit Artischocken-

        herzen **63**

    Tomaten-Salsa **33**

    Tomatensuppe, kalte **81**

    Tomaten-Basilikum-Soße **114**

    Tomaten-Brot-Suppe **111**

    Tomaten-Schafskäse-Pesto **116**

    Trockenmarinade, griechische **28**

        -marokkanische **28**

Vollkornschnittchen mit angemachtem

        Parmesan **89**

Walnuss-Pesto **117**

Zwiebel-Relish, türkisches **35**

    Zwiebeln mit Kräutern, gegrillte **70**

    Zitronentarte **104**